できるリーダーが実践している

メンバーのやる気を引き出すちょっとした言葉がけの方法

竹下幸喜

はじめに

この本を手に取っていただき、ありがとうございます。

この本を手に取っていただいたあなたには、会社の中で様々な想いや悩みがあるのではないでしょうか？

私は、ここ数年、全国の企業や様々な団体などで研修や講演を年間２００回ほど行っています。その中で経営者やリーダーから相談される共通の内容があります。それは……


スタッフにこの会社で長く働いてほしい！

会社をもっといい雰囲気にしたい！

部下やスタッフに毎日笑顔で働いてもらいたい！


これと共通の想いや悩みを持つ、経営者やリーダーは多いのではないでしょうか？

私は研修や講演を通して、解決のお手伝いをさせていただいているのです。

そして、私がお伝えしている研修は、『ほめる文化』をチームに定着させる研修」です。
それは、「ほめる」「認める」というアプローチによって、チームに「ほめる文化」を定着させ、「自分で考え、自ら行動していくチーム」に劇的に成長させていくプログラムです。
なぜなら人は、自己肯定感を満たしてくれるリーダーを求めているからです。そして「ほめ言葉」こそ、人にとって必要不可欠な心の栄養なのです。

「えっ　ほめるだけでいいのですか？」という人
はい、その通りです。ただし注意も必要です。

「え〜、ほめるのは苦手です。」という人
大丈夫です。その内容をこの本でレクチャーしていきます。
ただ、そのチーム作りには、どうしても必要な「あるコト」があります。
あなたに必要な、「あるコト」……です。

それは、あなたの「ほめる覚悟」です！

あなたが「ほめる覚悟」を持つことで、チームに「ほめる文化」が定着していくのです。

これが、「ほめる文化」をチームに定着させ、一人ひとりが自立自走し目標を達成していくチーム作り！　に大切なのです。

あなたには、あなたの周りのどんな部下、どんなスタッフも「絶対にほめる！」という覚悟を持って接していただきたいのです。

今回、この本には、「ほめ方」というよりは、あなたの心で感じてもらうように書いたつもりです。

あなたに、自分のこととして思い当たっていただきたいので、私の体験や、近しい方々の事例をふんだんに盛り込んでいます。

その事例をあなたが読んだ時に、「わかる、わかる、私もそういうことがあった」と、共感していただけたら嬉しいです。そして参考にしてくれたら、なお感激です！

大丈夫です、どんなプロでも最初は素人。

「これ、どこをほめたらいいいんだ!?」と困難が起きるたびに、あなたの想いが試されます。

そして、それでも実践していくとあなたの心が磨かれ、素敵に輝き始めるのです。

その磨かれる感覚、輝いていく感覚を味わってください。
これからの、素敵なチーム作りを楽しみながら、実践していただきたいと思います。

もくじ

CHAPTER 1 能力を発揮できるチームを作ろう

CHAPTER 2

自分自身と向き合ってみよう

CHAPTER 3

まずは自分が人をほめてみよう

CHAPTER 4 ただほめればいいという訳じゃない

CHAPTER 5

スタッフもほめられるようにしよう

CHAPTER 6

ほめる文化をチームに定着させよう

CHAPTER

01

能力を発揮できるチームを作ろう

SECTION
01

全員が能力を発揮できるチーム

Q1 あなたのチームは、メンバーが自分の能力を最大限に発揮していますか？

いや、メンバーが自分の能力を最大限に発揮するなんて難しいよ。という声が聞こえてきそうですね。では質問を変えます。

Q2 あなたは、メンバーが自分の能力を最大限に発揮できる環境を作っていますか？

いかがでしょうか？

そこに所属するメンバー全員に、最大の力を発揮してもらいたい！　売り上げを上げてもらいたい！　そう思っているリーダーは多いことでしょう。

今、あなたの目の前の部下や後輩、スタッフの様子はいかがでしょうか？

・挨拶ができない
・なかなか自信を持って仕事ができない
・言われたことしかできない
・自分から進んで取り組めない
・報連相をしてこない
・何を考えているかわからない

そのような部下、スタッフが多いと感じているのではないでしょうか？　だからといってこちらの意見を厳しく言うと、すぐに辞めてしまう。なんとなく人間関係が希薄になっていると感じている人もいると思います。

人間関係が希薄になってきている今この時こそ、その人間関係を深める取り組みが必要になってきています。

自信のない若者たち

私は公立中学校で保健体育の教員を二十年間やってきました。

ここで感じていたのは子どもたちの自信の無さです。例えば、子どもたちに学級委員長をやってもらおうとしても、「むりむり、無理無理、ムリムリ」何回言えば気が済むんだ！ってぐらい無理の連発です。

立候補者が出ないだけではなく、推薦ですら名前が出てきません。

自分は自信がないので役割を引き受けない。そして誰かを推薦したら、その人から後で何を言われるかわからない。だから推薦もしない、こんな場面に何度も遭遇しました。

今の若者は自分に自信がないのです。というより、はじめてのことを行動に移し失敗することを極端に嫌います。失敗して人に怒られたり、馬鹿にされたり、恥を描くことは絶対にしたくない。そしてまわりの人から自分がなんて言われるのかが気になる。これが今の若者たちが心の中に秘めている想いであり、特徴の一つです。

そんな若い人たち、いわゆる「ゆとり世代」と呼ばれる若い人たちをチームで束ねていくあなたは、本当に大変だと思います。それでもまとめていかなければならない。結果成果を出さなくてはいけない。では、どうすればいいのか？

「自信をつけさせる」です。そのスタッフに「あ、できるかもしれない」「できそうだ」と自信をつけさせることです。ただし、この自信をつけさせる、ということには時間がかかりま

**今の若者を部下や後輩として
まとめていく時、まずすべきことは……**

⬇

自信をつけさせる

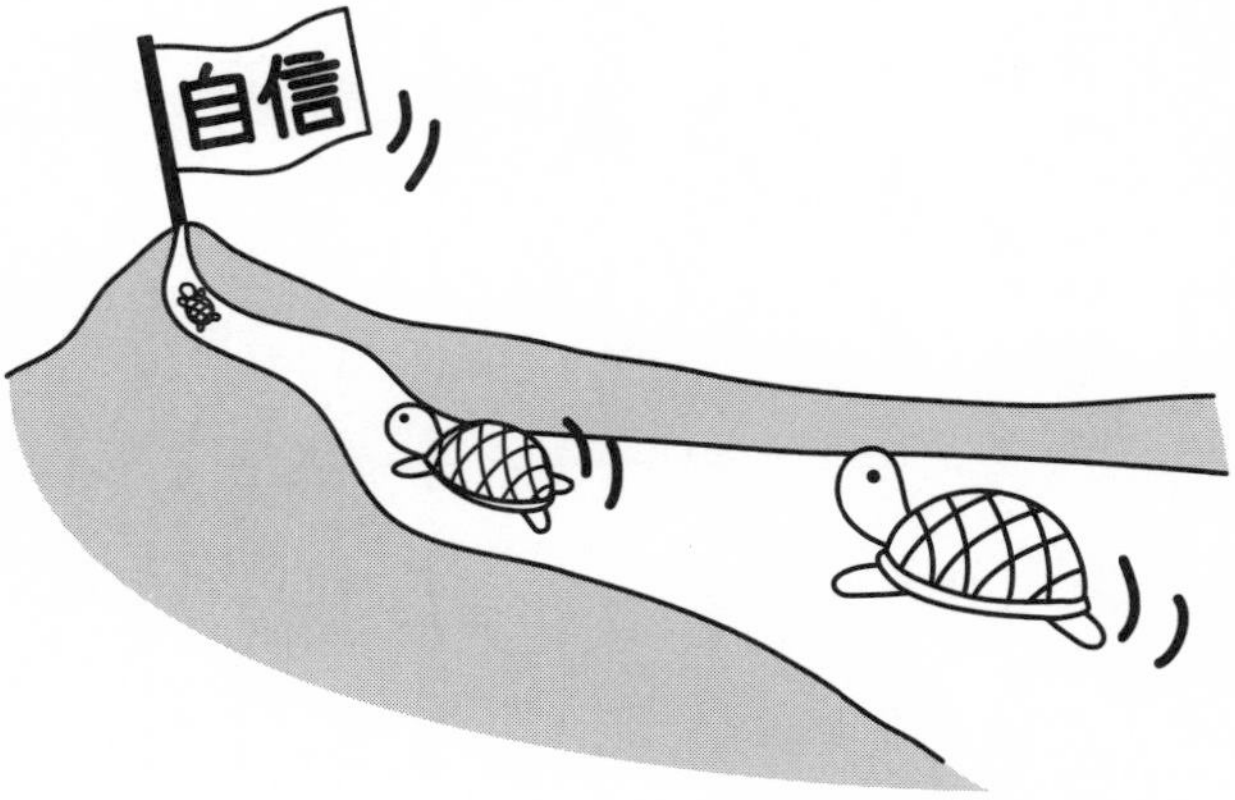

Point

- 時間がかかる。時間をかけなければならない。
- できる事からやらせ、少しずつ負荷をかけていく。
- 少し努力したら手が届く目標を設定。
- できているところは具体的にほめる。

す。というより、時間をかけなければならないのです。

ヒントは過去の経験にある

ムリムリが口癖の中学生を指導していくポイントは、まず本人ができることからやらせること。まず自分ができることをやらせ、それができたら、少し負荷をかけていきます。少し努力をしたらクリアできるような、たとえば時間を短くする目標を示したり、作る個数を増やしたり、少し努力したら手が届く目標を設定していく。そしてできているところは、具体的にしっかりとほめてあげるということです。

では、どんなほめ言葉をかけていけばいいのか？　それはあなたの過去の経験にヒントがあります。

あなたに一度、過去の経験を思い出してもらいたいのです。あなた自身が、できなかったことができるようになった時、できるかどうかわからなかったことがうまくいった時のことを思い出してください。その時、どんな気持ちでしたか？　そばに誰がいて、どんな声をかけてもらえましたか？　その時の状況をどんな小さなことでもいいので思い出してください。そこにヒントがあるのです。

厳しく怒鳴られて成功したという体験もあるでしょうが、その体験は、ひとまず横に置いておいてください。その状況は一つ先のレベルなので、また先の章で説明いたします。その前の段階として、優しく励まされた時の過去の体験を思い出してください。

・そこには誰かいましたか？
・どんな励ましの言葉があったでしょうか？
・心の後ろ盾となる誰かの存在や失敗から学んだ知恵があったのではないでしょうか？

その成功体験や後ろ盾、誰かの存在や励ましの言葉は、皆さんの心の支えになってるはずです。この心の支え、体験・後ろ盾が、将来自分の能力を最大限に発揮する時に必要になるのです。

若者の不安を取り除くには……

若い人だけではなく、私たちは最初から自信があるわけではありません。誰でもはじめての体験をする時は不安です。自分に自信が持てないものです。

経営者・リーダー研修の時にワークでこういうことをします。参加の皆さんに「今からワークをしますので、誰か5名、前に出て来てもらえませんか？」と呼びかけます。どこの会場でもなかなか出てきてもらえません。5人がサッと出てきたというのはゼロではないですが稀です。ほとんどの研修で揃うまで時間がかかります。結局5人出てこないので、主催者の人や関係者の人が気を利かせて出てきて5人になる、ということもあります。

5人の人に前に出てきていただいて椅子に座ってもらい、私が「このワークは、前に出てきて椅子に座ってもらう。というワークです」と告げると、会場のほとんどの人が、「なんだそれ？」という顔をします。そこで私は出て来てくださった人に、どうして出て来てくれたのか理由を尋ねます、すると「面白そうだったから」「目立てるかなと思って」「竹下さんが困っていたから」「主催者なので代表して」と答えてくれます。そして次は会場の人に聞きます。「では皆さんはなぜ前に出てこなかったのですか？」ほとんどの人が、「何をするかわからなかったので……」と言われます。たぶんそのあとに続く言葉は、「恥をかきたくない」「失敗したくない」などではないでしょうか？　百戦錬磨の経営者の人でもそうなのです。何をするかわからないものに対しては、なんとなく怖いし、恥をかきたくないし、失敗したくないのです。

若い人なら尚更です。経験も少ない。成功体験もない。自分がこの会社でやっていけるか自信がない。その時に厳しい言葉をかけたら辞めていく確率が上がるのは当然のことです。まずは、あなたが自信を持たせていただきたいのです。

自走するチームに必要なもの

人は誰かに励まされたり、誰かに応援されたりすることで一歩踏み出し挑戦し、成功体験を積み重ねていきます。いや私は誰にも励まされずにできた！という人でも小さい頃に親から、誰かから励ましや承認を十分に受けて育ってきています。その心の支えが、行動を起こす時の重要な力になっていくのです。

ところが今の若い人たちは自信を持てない人が多いのが現実です。まわりの目を気にして、失敗しないように、恥をかかないようにと、一歩踏み出すことを拒んできた若い人たち、失敗する権利を奪われてきた世代です。

ではその若者を束ねて自分の能力を最大限に発揮していく、自走するチームを作っていくにはどうしたらいいのか？

では自走するチームとはどんなチームか？

それは一人ひとりが自分の強みを知っている、気づいている。自分自身の強みを知り、またまわりの人の強みを認めている。そんな相互理解があったり、お互いを認めあったり、尊敬し合っている。また、得意なところだけではなくて、自分の不得意なところ、相手の弱さまで知り、お互いがお互いを補い合っている、そんなチーム、それが自分の能力を最大限に発揮するチームです。

自分はそんなに力は持ってないけれど、私の特技はこれだけなのだけれども、仲間とだったら一歩踏み出せる、そんな勇気を持たせてくれるチーム、そのような、環境を作っていくのです。

すると、新しい企画や新たなチャレンジも提案できるようになってきます。

「突拍子のないこの意見を、ほかのみんなはどういう風に捉えてくれるだろうか？　みんなだったらもっとすごい意見を出してくれるのではないか？　もしかしたらその考えは自分たちの会社がまわりの人やお客様をもっと笑顔にするような、そして自分たちもワクワクするような、そんな商品サービスになるのではないか」そんな思いを持って新しいチャレンジが提案できるチームです。

そしてそこには心のつながりがあります。尊敬に値する心のつながりです。まさに個性が発揮できるチーム、適材適所が生かされるチームにはそれがあるのです。

適材適所が能力を発揮する！

私の陸上競技部顧問の経験からいえば、どんな子どもたちにも、必ずその子に合った種目があります。当てはまらない種目はありません。陸上競技は、走ったり、投げたり、跳んだり、長い距離を走ったりといろんな種目があります。だから必ず何かの種目に、自分の能力を当てはめることができます。その子の能力を活かす種目が必ずあるのです。

その能力を見極めてアドバイスし、自信をつけさせて、自分自身でも自分の強みを理解して、そして自分のまわりの人の強みも理解して、そしてチームの目的に向かってチーム全員で進んでいく。これが、自分の力を最大限に発揮するチーム作りなのです。

こんなこと言ったら馬鹿にされるのではないか。こんなこと質問したらわかってないと思われるのではないか。まわりのことを気にして自分の意見が言えないチームでは自走することができません。力を発揮することができないのです。そして、自分の特性はなかなか自分では見えにくい。だから仲間のいいところを伝えてあげる。「あなたのいいとこはこういうとこだよ」「あなたはここが素晴らしいよ」「お前のここがすごい」そんな言葉が飛び交うチームです。ライバルであるし、同士でもある。お互いがお互いを認め合える、そのチームづくりが大切なのです。

足が速くなくてもいいのです。跳ぶことが得意な人は跳べばいいのです。投げるのが得意なら投げさせる。ありとあらゆる種目がある。そんな適材適所で個性を活かす、その人に合った役割を与える、これが自分の能力を最大限に発揮するチームの存在です。

ではあなたの存在は何か？　役割は何か？　自分の能力を最大限に発揮するチームとは自走するチームです。その自走するチームに欠かせない存在。

それはチームの伴走者、それも心の伴走者！

あなたは自走するチームを育て、伴走していくのです！

お互いがお互いを補い合っている

「自走するチーム」とは

〈これまでのチーム〉 リーダーがぐいぐいひっぱっていく

〈自走するチーム〉 全員が力を発揮

Point

- 1人1人が自分の強みを知っている。
- まわりの人の強みを知り、尊敬している。
- 自分の弱さや仲間の弱さを認め補い合える。
- リーダーは伴走している。

SECTION 02

個性をいかすチームづくり

もう一つの働き方改革

今、世の中では働き方改革が叫ばれています。

働き方改革において重要政策の一つに位置づけられているものは、「多様な働き方を可能にする社会を目指す」ということです。

その政策の中で、まず挙げられているのは、従業員が満足する福利厚生のサービスを目指していくこと。次に社員が働き続けられる環境を整備すること。そして次が労働時間の改正です。

残業が減ることによって働き手は、病気になる等のリスクを減らすことができ、プライベートの時間も増えるので個人的な楽しい時間を過ごすことができるようにもなるでしょう。時間にゆとりができるということは、個人的な趣味などに時間をかけることができて心がリフレッシュできる。すると労働意欲が湧いてくるということも期待されています。私生活が充実すると、「仕事でも頑張ろう！」という気持ちになってくるだろうと期待されているのです。

福利厚生のサービスの充実を目指すことも、環境を整えることも、時間を短くすることも大事です。しかしルールや環境を整えるだけでは本当の意味での働き方改革にはなりません。

では何をすればいいのか、

それは「心の働き方改革」です。

隣に座っている人との心の距離が遠いと感じるチームでは、いくら環境が良くても時間が短くなったとしても、居心地が悪く、そこにいる時間がとても長く感じます。

まずはチームの雰囲気が居心地の良くなる取り組み、チームがスタッフにとって安心できる場所にしていく、「心の働き方改革」が必要になってくるのです。

個性を迎え入れる環境づくり

誰もがはじめての場所に行く時、知らない人の輪の中に入る時は怖いものです。自分がその場所に受け入れてもらえるだろうか？　一人ぼっちにならないだろうか、という恐怖心を持ちます。これは人間が持つ本能がさせている働きです。

人間は社会性の動物、牙やツノがあるわけでもない、毒を持っているわけでもない、豹のように早く走れたり、猿のように木に素早く登れるわけでもない、その人間が生き残るためにはどうすればいいのか？　それはチームを組むことなのです。

そのチームからはみ出した時は、死に近づくことになる。だから私たちは本能的に集団から外れることを恐れ、初めての人たちの輪の中に入るのを怖がる、人見知りをするとはそういう本能の働きです。

とくに今の若い人たちは自分に自信が持てない、不安を抱えている人が多い。なのであなたがリーダーシップをとって、チームの心の垣根を取り除き、温かく迎えてあげる気持ちを持つことが大切です。

その場に集う仲間たちが幸せな気持ちで働ける、そんな組織やチームがより生き生きと心の働き方改革を進めていくための方法があります。それが、「ほめる文化」をチームに定着させることです。

これからは人材を確保するために、柔軟な働き方ができる環境作りを目指していくことが必要になります。これはとても重要なことです。子育て中の人や、親の介護をしている人が正規社員として働けない、あるいは退職しなければならない、そういうことが起こっている現状は珍しくありません。ですので、今は一人ひとりの個性を活かした柔軟な働く環境が求められています。

ワンピース的なチームづくり

その変化の流れは、漫画やアニメの中でよく現れていると言われます。私たち50歳以上が目にしてきたアニメは、主人公が勝利を達成するために、親や監督から殴られても、打たれても耐えて成長していくという流れが主流でした。いわゆるスポ根アニメです。そして今、幅広い世代で受け入れられているのが、主人公を中心に仲間と協力して敵に対して挑む漫画やアニメです。代表的なアニメがワンピース、プリキュアなどです。

今の世の中の流れは、「一人の強い主人公」がチームを引っ張るのではなく、一人ひとりが持っている個性を活かして、目的、目標を達成していくこと。そのためには「一人ひとりの個性をいかす」チームを育てることが大切なのです。

「多様な働き方を可能にする社会を目指す」という働き方改革では、いろんな世代の人が、いろんな価値観を持って働きます。それをどれだけ上司が理解して、まとめていくかです。「巨人の星」ではなくて「ワンピース」的なチームづくりが、今は求められています。

読んで育ったマンガのテーマも全くちがう！

↓

今の若者はワンピース世代

今の50代

「巨人の星」
「アタック No1」

打たれても
なぐられても
耐えていくスポ根もの
1人の強い主人公

↓

若者たち

「ワンピース」
「プリキュア」

「助けてもらえねェと
生きていけねェ
自信がある！」
（ワンピース主人公ルフィのセリフ）

仲間といっしょに
チームで挑むスタンス

SECTION 03

魅力的な理念がチームをまとめる

チーム理念がイメージできるか？

一人ひとりの個性を活かした、ワンピース的なチームを育てるということは大切ですが、ただ個性を活かすと「一人ひとりの考えがバラバラになり、収集がつかなくなるのではないか？」と心配されるかもしれません。

そのために必要なことがあります。それは、魅力的なチーム理念を作ることです。

会社ならば経営理念、学校ならば学校目標、そのような理念やスローガンを作ることです。そのチームが目指す目的、その活動の先にどんな素晴らしいことがあるのか、といったチームの存在価値を示すチーム理念を作り、しっかりとスタッフで共通理解することが大切です。

私が研修で話をする時に、よく例で上げさせてもらうスローガンがあります。それはワタミグループのスローガン。

「地球上で一番たくさんの〝ありがとう〟を集めるグループになろう」

これはとてもわかりやすいし、誰もがイメージしやすいですね。〝ありがとう〟を集めるにはどうしたらいいかを考えやすいのです。

自分に関わってくださっている業者さん、お客様、そして仲間から〝ありがとう〟をもらうには、集めるには、どのような行動をすればいいのか？　と想像し働くことができます。そう考えて働くだけで、なんとなく元気が出てきます。自分の仕事や商品が誰かのためになり、〝ありがとう〟をもらえる。その行動を考えるだけで、ワクワクするし笑顔になります。

チーム理念が絆を深める！

私が、理念やスローガンの大切さを学んだ経験は教員時代にあります。

２００９年８月に大分県で中学生の陸上競技の全国大会が開催されました。その時の大会実行委員長を私が務めたのでした。

大分県チームの強化スローガンが「平成21年8月全日中で日本一1種目以上、入賞5種目以上を成し遂げ、大分県民と中学生に自信と勇気を与える」でした。この目標はある人の指導により設定されました。その人とは、原田教育研究所代表の原田隆史先生です。原田先生といえば、MLBの大谷翔平選手が高校時代に実践した原田メソッドが有名ですが、その原田隆史先生に全日本中学校陸上競技大会大分大会の特別強化アドバイザーをお願いし、大会までの強化のアドバイスをいただいたのでした。

その時、原田先生が、私たちにくり返し指導していただいたのがこの強化スローガンを大切にすることでした。これは、みんなの想いを定め、高いモチベーションを維持しつつ、強化指導メンバー一人ひとりが責任を持って取り組めるようにしようとしたものです。

原田先生は強化スローガンに合言葉とロゴマークの決定をプラスしました。「しらしんけん力こぶ」という合言葉を決め、その合言葉に合った決めポーズも決める。ロゴマークを入れたTシャツや帽子などを作り、一般市民や企業などにも配布することでその取り組みをPRしました。これは世間の注目を浴びることでスタッフの意識を高め、そしてさらに応援をパワーに変えるそんな目的のために作りました。

このスローガン、合言葉、そしてロゴマーク、これを決めるだけでもほぼ徹夜に近い時間を要しました。スローガンでスタッフの気持ちを合わせることも重要でした。

ところがもっと大事だったのは、その時間です。

強化スタッフが集まり、意見を出し合う。自分の立場や価値観、そして想いなどをお互いに出し合う。その中で相手の気持ちが理解できたり、自分の気持ちを言いあったり、その時間こそがチームにとって、スタッフにとって、とても重要な時間となりました。

そしてもう一つは原田先生の姿です。どんなに深夜になっても、「じゃあ、あとは決めておいてな」と席を外すことはなく、私たちの話し合いをずっとそばで見守ってくださった。そして助言をしてくださいました。その時に、この人は本気で大分県を応援してくださっているのだという信頼感を感じました。「この人についていきたい」「この人からいろいろ教えていただきたい」という感情が湧き出てきたのを覚えています。

スローガンや目的をみんなで作るというのは絆が深まるということと、口先だけのリーダーには人はついていかない、ということも学ばせていただきました。

そのおかげで当時、全国大会で入賞者が少なかった大分県が、その年は入賞者を3人出すことができました。その機会を与えてくれた原田先生には本当に今でも感謝しております。

チーム理念で心を合わせる！

ここで私があなたに伝えたいのは、スタッフの心のレベルを合わせることです。ベクトルを合わせること。

メンバーの心のベクトルを会わせる

↓

魅力的なチーム理念

Point

- **チームのメンバーがお互いの想いや願いを出し合う時間こそが重要。**
- **スローガンを決める流れの中で、リーダーとメンバーのベクトルを合わせることができる。**
- **口先だけのリーダーに人はついていかない**

指導者一人ひとりの経験も年齢も違いました。一人ひとりの力量も違ったと思います。ところがスローガンを決めることによって、心のレベルを合わせることができたのです。想いを合わせるということです。

今、あなたの職場は心のレベルが合っているでしょうか？　心の矢印が同じ方向に向いていますか？　その矢印や思いが揃っているでしょうか？

その矢印を揃えるだけでも、とても心地よい感情が芽生えてきます。すると相手の意見を尊重したり、尊重しながら反対意見を言うことができるようになります。それは同じ方向を向いているからです。

理念やスローガンを基準にすると、スタッフをほめたり叱ったりすることが楽になります。理念やスローガンからはずれた時に相手を叱り、その理念やスローガンに添った行動や結果をほめ、認めるのです。また決して感情で叱らないということです。

部下や後輩を叱る時、ほめる時には、そのチーム理念やスローガンをいつも頭に置いて言葉をかけていくと、心と言葉のブレもなくなります。

SECTION 04

風通しのいい組織を作る

チームのスローガンがスタッフに浸透してくるとコミュニケーションが深まっていきます。そのコミュニケーションの中で風通しがいい組織とはどんな組織かというと、質問ができる、弱みを見せられる「これがわかりません」と言うことができる、自分が思っていること感じていることを素直に伝えることができる、それが風通しのいいチームです。

風通しの良くないチームは意見が言えません。そして、質問ができません。わからないことをわからないと言えないのです。あなたのチームはいかがでしょうか？　わからないことを上司に質問できる環境でしょうか？　あるいは部下があなたに質問してくるでしょうか？「これ昨日も説明したぞ！　何回言わせるんだ！」そんな言葉が返ってくる、あるいは返していないでしょうか？

目の前の部下や後輩に自分の能力を最大限に発揮してもらいたいのであれば、相手を信じることです。実は、わからないことをわからないと部下や後輩があなたに聞いてきたということは、あなたを信じているということです。

部下や後輩は、わからないことがある時、「この質問は誰に聞こうかな？」と考えます。「この人に聞いたら怒られるだろうな」「この人は嫌な顔をするだろうな」というような人には絶対声をかけません。質問をしないのです。

そんな中であなたに声をかけてきたということは、あなたを信頼している、あるいはこの仕事はこの人に聞くしかない、という覚悟のもとで聞きに来ています。その時に「何回言えばわかるんだ！」と怒鳴ってしまっては、その後のコミュニケーションがとれなくなります。

風通しが悪くなる原因とは？

以前、研修に行かせていただいた保育園で動画を見ました。それは不審者対応の動画でした。保育園に不審者が入ってくるかもしれないので、新人保育士さんが不審者対応を学ぶという動画です。その動画の中でこういう場面がありました。

「不審者が入って来た時には職員間で連絡を蜜に取り合って対応していきましょう」というような内容。その研修を受けた次の日に、いかにも私は不審者です！　という風貌の男性が保育園の中をジロジロと見回しています。

その男性に気づいた新人保育士さんは、昨日の研修のこともあって、先輩の保育士さんに声をかけます。「先輩あの人ちょっと様子がおかしいです不審者じゃないでしょうか？」それを聞いた先輩保育士さんがその男性を見て、「あー何言ってるの、あれは○○ちゃんのお父さんだよ」と言って、「○○さんお迎えですか？」と声をかけたのです。そのお父さんとなごやかに話す先輩保育士さんの姿を遠くで見つめていた新人保育士さんは肩を落とす、というシーンでした。

そのシーンはそこで終わり場面が変わってしまいます。

私はそのシーンを見た時に、「もったいないなぁ」と思ってしまいした。この後、先輩が新人保育士さんにどんな言葉をかけるかが重要になる場面なのです。

もしこの後に、先輩保育士さんが新人保育士さんを叱っていたらどうなったでしょうか？「○○先生、先生もこの保育園に来て何ヶ月も経っているよね？　それなのにまだお父さんの顔も覚えていないの？　もっとちゃんと覚えてよ」と言われたら、この保育士さんはどうなるでしょうか。自信をなくし、落ち込んでしまったかもしれません。そして、もっと悪いことがあるのです。それはこの後、この先輩に質問ができなくなる。風通しが悪くなるのです。

例えば、今度、本当に不審人物が園の中をジロジロと見ている場面に遭遇する。「あれ？

この人もしかしたら不審者じゃないかな？」と思ったとしても前回の先輩の言葉があるので、再度その先輩に質問することができない。行動しにくくなります。「質問しようかな？」と思うのだけど、また質問して「まだ覚えていないの？」と怒られることが嫌なので、「この前も誰かのお父さんだったから、あの人も私が知らないだけで、きっと誰かのお父さんなのだろう」と決めつけてしまい、聞くという行動を起こさなくなるのです。

これがチームにとっては一番危険なことなのです。

「こうじゃないかな？」と勝手に判断し、自分の都合のいいように解釈し、そう思い込んでしまう。そう思い込むしかないような状況にしてしまうことが最もチームにとって危険なことであり、風通しが悪くなる原因です。

心の風通しを良くするには？

では、その動画の後に先輩がどうすればよかったか？　それは、先輩がほめてあげることです。

「〇〇先生、昨日の研修を生かして、きちんと質問してきたね。あの人不審者じゃないですかって聞いてきたよね。それ、良かったよ。それでいいよ。ただ、もうあなたもこの園に来て数ヶ月経っているから、少しずつお母さんだけじゃなくて、お父さんの顔も覚えていこうね。そしてわかんない時は私にいつでも聞いてね」と言ってあげる。すると心が落ち着くのです。「怒られなかった」「聞いてよかった」と落ち着く。さらに言葉をプラスして「私が次は、あれは誰のお母さん？　お父さん？　てテストするから答えてね」と課題も与えられるのです。「わからない時はいつでも聞いてね。そしてみんなの顔覚えていこうね」と言ってあげたら次も聞きやすい環境になります。

これが風通しのいいチームです。心の垣根が低くなる。「この人なら聞いてもいいのだ」「わからないことがあったらこの人に聞くことができる」わからないことを聞くというのは、自分の弱みを出すことです。それができるようになると心の風通しがよくなります。「大丈夫、大丈夫、私も新人の時はわからなくて覚えるのに苦労したよ。大丈夫だよ」と自分の経験も付け加えて安心させてあげるということも大切になってくると思います。「少しずつ覚えていこうね」というプラスのアドバイスを付け加えることがポイントです。

言葉の色を整える！

あなたが会社の中で、チームの中で、使っている言葉の色を想像してみてください。人を励ます、人に感謝する、みんなが笑顔になるような言葉の色は、心が和むような素敵な色でしょう。

逆に人に対して不平不満、愚痴、嫉妬、疑い、叱責、怒鳴り、そのような言葉の色は、人の心を暗くするくすんだ色ではないでしょうか？

そこで、今、あなたが所属している会社や組織、ご家庭では、その空間がどんな色になっているか、それをイメージしてもらいたいのです。

もし、くすんだ色になっているとするならば、それはあなた自身が色づけしているのかもしれません。ほかの人たちが息苦しくなっている、そんな状況を作っていないか？　どうか自分の言葉をもう一度、見返して言葉の色を整える機会を作ってみてください。

SECTION 05

ほめて、認めて、能力を発揮させる

ほめる覚悟を持つ

あなたに大切なことをお聞きします。

あなたは、「ほめる覚悟」がありますか？

私が先ほどお伝えした、仲間を信じることや心の働き方改革、ワンピース的なチーム作り、魅力的なチーム理念・スローガン、そして、風通しの良いチーム作り……。

その仕組みを作って、機能させていくにはどうしたらいいか？

その秘訣が「ほめる」「認める」という実践にあります。

「ほめる実践？　そんなの簡単だよ」「そのぐらいできるよ」「ほめればいいのでしょ？」と思われるかもしれませんが、実はこれが難しい。いざほめようと思っても、あなたを試すように、「この人はどこをほめたらいいのだ？」「この場面では何と言えばいいのか？」「この人はほめられない！」というような状況があなたに次々と襲いかかってきます。

そんな時でさえ、あなたは相手の心に響くような、その部下や後輩が「あなたが私の上司でよかった」と思える言葉をかけていただきたいのです。

あらゆる状況をプラスに変えていく、部下の信頼を勝ち得ていく方法が「ほめる」「認める」実践です。

その根底に必要な礎が、あなたの「ほめる覚悟」なのです。

それはその場限りの、上辺だけの言葉ではなく、これからチームに「ほめる文化」を定着させていく！という覚悟にも繋がっていきます。

あなたが今のチームを思い出した時に、一体感を感じられない。一人ひとりがバラバラだ、と感じているとするならば、いますぐ、覚悟を持ったほめる実践にとりかかってください。

あるいは、私のチームは大丈夫。一体感を感じているし、仲もいいから。と思っているあなたも、この実践を取り入れれば、更にチームの雰囲気が良くなります。

ではもう一度、あなたにお聞きします。

あなたは、「ほめる覚悟」がありますか？

現在のあなたを振り返る

皆さんにさらに質問します。今のあなたの現在の様子を振り返ってください。

Q あなたはまわりの人をほめていますか？

ほめている人は心の中で手をあげてください。いかがでしょうか？ では次の質問です。

Q あなたはまわりの人を笑顔にしていますか？

あなたの言葉や行動によってまわりの人を笑顔にしてますでしょうか？ いかがでしょうか？ では最後の質問です。

Q あなたはまわりの人から、一緒にいたいと思われているでしょうか？

あなたと一緒に仕事がしたい。あなたと一緒にランチに行きたい。あなたはまわりの人からそう思われている存在でしょうか？ いかがでしょうか？

「私は全部できているよ。いつも意識して言葉を使っている。行動しているよ」という人は、それを続けていただきたいと思います。あなたの言葉や行動によってまわりの人をもっと笑顔に、もっと元気にしていただきたいと思います。ただ、「あの質問には手があげられなかった。いや、あの人にはできているけどこの人にはできていない」と、もしそう思った人がいらっしゃいましたら、この本を読み進めていただくことによってその解決策が手に入ると思います。ぜひそれをあなたに取り入れていただきたいと思います。

ただ、私は今の皆さんを変えようとしているわけではありません。研修をした後に、よくこう言われます。「私、今日からほめる達人に変わります」もちろん変わってもらってもいいのですが、私は基本的には、変わってもらいたいわけではない。ではどうして欲しいかというと、それは付け加えてもらいたいのです。

あなたは、これまでその立場に立つまでいろんな経験をされてきたと思います。苦労をされてきたと思います。いろんなコミニケーションツールを使っていろんな人と心を紡いできたはずです。今現在、あなたがコミュニケーション能力を十個持っているとする。私はその十個を否定しているのではなく、その十個はそのままで、この本で私があなたにお伝えする「ほめる極意」を何か一つでもいいので付け加えていただきたいのです。

価値を発見して伝える！

では、私がお伝えする「ほめる極意」とはどういうことか？

講演会や研修で、「あー今日のこの講師、ほめるか、どうせ『ほめろ』『ほめろ』って言うんだろうなぁ」と思われる人がいらっしゃいます。ただ私は、あなたのこの貴重な時間をいただいて「部下ができてなくてもおべんちゃらでほめましょう」などと、そんなことを伝えようとしているわけではありません。こうやって本を読んでもらっている。この時間を使ってもらっている。おべんちゃらの言い方をお伝えしたいわけではないのです。では私があなたにお伝えする「ほめる」とは何なのかを説明します。

一般社団法人日本ほめる達人協会は「ほめる」の定義をこう定めています。「ほめる」とは、人・モノ・出来事の価値を発見して伝える！　こと。

この価値発見の達人。これがほめる達人です。あなたには価値発見の達人になっていただきたいのです。

そして「伝える」というところまでがワンセットです。その伝え方にあなたの個性が出ます。100人いたら100通りの価値の伝え方があるのです。

SECTION
06

「ほめる」をコントロールに使わない

個人の能力を最大限に発揮するポイントは「ほめる」ということです。チームにほめる文化を定着させることです。

「では、ほめればいいのだね」と思われる人がいらっしゃると思いますがそう簡単ではありません。「ほめる」にも注意が必要です。

リーダーのあなたに注意していただきたいポイントがあります。それは、「ほめる」ことを他人のコントロールに使わないことです。これが一番大事なポイントです。

どういうことかというと、勉強しない子に勉強させようと思ってほめてもうまくいきません。勉強させようと思ってほめられた子どもはこう思います。「母ちゃんまた俺のことほめているけど、この後またどうせ勉強しろって言うんだよな」と思った瞬間にその言葉が頭に入らない。「社長また私のことほめているけど、この後また何か仕事やらされるんだよな」と思った瞬間にその言葉が頭に入ってこないのです。

ではどうやって伝えるか、それは事実を見つけて伝えるということです。事実があるのがほめる。事実がないのがおべんちゃら。人はおべんちゃらでほめられるのを嫌がります。とくに中学生、思春期の子どもたちをおべんちゃらでほめたら大変なことになります。「あー、この大人、俺を言葉でコントロールしようとしているな」と思った瞬間に、心の距離がどんどん離れていきます。信頼関係が築けなくなるのです。ですから、おべんちゃらやコントロールでは絶対ほめてはいけないのです。事実を見つけて伝えるということです。「陸上部に入部した時は懸垂3回しかできなかったけど、今10回できるようになったよね」「入社した時はこの仕事10分かかっていたけど、今7分でできるようになったよね」とか、その人が成長したこと、その人が進歩したこと、できるようになったこと、その事実を伝えてあげるのです。

ダメ出しの達人時代

とはいっても、実は私もほめることがまったく出来ませんでした。前にも書きましたが、私は二十年間公立中学校の保健体育の教員をしておりました。そして役割の一つに生活指導。

皆さんが中学校や高校の時の生活指導の先生、保健体育の先生を思い出していただきたいと思います。全員とはいいませんが、だいたいその先生たちは学校で怒鳴っている、大きな声を出して注意している、そういう先生が多かったのではないでしょうか？　そして私もそうしていました。

ではどんな指導してきたかというと、朝、校門に立って生徒が登校してきたら、まずどこから見るか？　靴から見ます。靴が白かどうか。色が付いていたらダメです。真っ白でないとダメなのです。そして靴下がワンポイントか。ズボンが太くないか。スカートが短くないか。中のシャツが派手じゃないか。化粧していないか。眉毛剃っていないか。髪の毛染めていないか、と頭の先からつま先まで、子どもたちのできてないところを探して、「ダメだ！」と言うのが私の仕事だと思ってずっとやってきました。それが生徒のためだと思ってやってきたのです。その時の顔がこれです。

まるで指名手配の犯人のようですよね？

ただ私はこういう人がダメ、こういう人がいらないと言っているわけではないのです。この人も必要です。

学校も会社も組織なので、組織の中では、ここからここまではやっていいけど、これから先はやっちゃダメだ！　ときっちりとルールを伝える役割の人も必要です。だから私はこの人がいらない、この人がダメ！　と言っているわけではないのです。

ただダメ出しばっかりしている時に私は違和感を感じたのです。生徒との心の距離がどんどん離れていくのを感じました。「これでいいのかな？」「この指導ばっかりでいいのかな？」と思っていたその時に、サッカー部のY君への声掛けで私の「ほめる人生」が始まりました。

ほめる指導へ変わるきっかけ

Y君の所属するサッカー部は、市内でもあまり勝てないチームでした。ある時、放課後にY君が私のところに来て「先生、高跳びをさせてください」と言ってきました。普段はほかの部活生にはさせないのですが、その時は生徒指導の一環という気持ちもあり特別に跳ばせました。

初めての高跳び、はじめての背面跳びにもかかわらず、私が伝えた通りにきれいに跳んだ。私はびっくりして、「めちゃめちゃすごいぞ！　感動した！　サッカー辞めて陸上した方がいい！」と伝えた、というより叫びました。するとそのY君が今まで見たこともないような笑顔になって、私が思ってもいない高さまで記録を伸ばしていった。

結局、たった2日間指導しただけで、彼は土のグランドで1m72cmまで跳んでしまったのです（その後、Y君は大学で日本で二位、自己記録2m11cmを達成）。その彼の笑顔や、やる気が満ち溢れている様子を見て、「あー、これは、ほめたほうがいいんじゃないかな」そう思いはじめ、「ほめる指導に変えよう！」と心に決めたのでした。

「陸上部の指導でほめよう！」と心に決めたのですが、ところがなかなかほめられない。その当時の陸上部ではこんな指導をしていました。

「お前何やってんだ。こんな間違った動き、何万回やったって速くなるわけないだろ？　俺がこんなことを教えたか？　だからお前遅いんだよ、ダメなんだよ」とできてないとこ見つけて、それを見せつけて、「だからダメなんでしょ？　遅いんでしょ？」と子どもたちのできてないところをダメ出ししていました。

ただ私は生徒たちに気づいてもらいたかったのです。「僕はここができてないから、できるように頑張ろう」そんなふうに思ってもらいたかった。気づいてもらいたかった。だから徹底してダメ出しの指導ばっかりしていたのです。ところがそればかりやっていると、生徒が部活を辞めていくのです。部員がどんどん辞めていく。その辞めていく生徒の後ろ姿を見ながら、当時の私はどう思っていたか……。

「この頃の生徒は根性がない。目標達成するには努力が必要でしょ？　我慢が必要でしょ？　我慢しないお前たちが悪い」とずっとそう思っていました。ところが部員はどんどん辞めていく、生徒との心の距離はどんどん離れていく、さすがの私も「これでいいのかな？」と思うようになってきたのです。そんなことを考えていたちょうどその時、先ほどのY君との出会いもあって、「よし、ほめていこう」と思うようになったのです。

素直な言葉こそ伝わる言葉

ところが陸上部の指導では、うまくほめられない。ほめようとするのですが、「ほめ言葉」がうまく伝わっていかないのです。今思えばコントロールに使っていたんだと思います。「こうやらせよう！」「こうさせよう！」「ほめたらうまくなる」そんな気持ちがありました。

そして、なぜY君の時のほめ言葉はうまくいったのか？　相手に伝わったのか？　何が違ったのか？　数ヶ月間、自問自答する中で答えが出ました。その答えはY君の表情にありました。

私がほめた後のY君の表情は、今まで見たこともないような満面の笑顔だったのです。顧問する陸上部の子どもたちからは、ほめてもその笑顔を引き出せなかった。顧問はこうあらねばならない、舐められたらいけない、そんな気持ちがどこか言葉に出てしまっており、ほめてもうまく伝わらなかったのです。

Y君の時は、私の中にそんな縛りがありませんでした。心からほめていました。ほめていたというより、びっくりしていた、感動していた、という方がしっくりきます。だから伝わったのだと思います。

コントロールではなく、何かをさせようとするのではなく、子どもたちの成長を見て、それにこちらが素直に感動し、言葉を発すると徐々にほめ言葉が伝わるようになってきました。

SECTION 07

その事実が誰のどんな役に立っているかを伝える

そしてもう一つ、ほめ言葉を使う時に意識していただきたいことがあります。それは、「その事実が誰のどんな役に立っているか」を伝えるということ。

「人はただほめられたいわけではありません。自分が誰かの役に立っていることを知りたい。誰かから感謝されたい」そういう思いが強いものです。

人はただほめられたいわけではない

私の娘、N子の話をします。彼女は小学校、中学校、高校と9年間、ずっと陸上競技をやってきました。親の私がいうのも変ですが、本当に頑張り屋さんでした。暑い日も寒い日も手を抜かないで毎日練習を頑張ってやってきたのです。

そして彼女は高校3年の陸上生活最後の高校総体大分県大会で200mに出場しました。彼女の目標は6位以内に入ること。6位以内に入ると北九州大会というインターハイへ続く大会に出場できるので、その大会に出場するために人一倍練習をして臨んだのでした。

ところが結果は8位。決勝で最下位でした。目標を達成できませんでした。その時、彼女は、泣いて、泣いて、自分を責めて、責めて……。

「私はあんなに練習したのに……。人よりもあんなに頑張ったのに……。この大会に出場した意味がなかった。自分は本当にダメだ。学校にも行きたくない」と自分を責めまくりました。部屋でずっと泣いていました。

その彼女に、母親が「そんなことないよ、ダメじゃないよ。6位以内にはなれなかったけど、決勝残っただけでもすごいことだよ」と声をかけ、慰めましたが、彼女はまったくその言葉を受け取ろうとせず、ずっと部屋で泣きっぱなし、一切その言葉を聞き入れませんでした。翌日、彼女は渋々学校には行きましたが、表情は暗いままでした。

そして、その日の夕方、一通のハガキが届いたのでした。それは、おばあちゃんからのハガキ。義母からのハガキでした。

義母は、大分県の津久見という街に住んでいて、孫の走りを応援するために、津久見の街から電車で一時間かけて応援に来てくれました。そして、大会の感想を書いたハガキが次の日の夕方届いたのでした。そのハガキにはこう書かれていました。

「Nちゃん、昨日の試合、本当にお疲れさまでした。感動しました。Nちゃんが暑い中、一生懸命走っている姿を見て涙が出たよ。おばあちゃんは元気をもらいました。おじいちゃんが1年前に亡くなって、私は早くおじいちゃんの所に行きたいと思っていた。だけど、Nちゃんが、みんなの中で一生懸命に走る姿を見て、これじゃいけない、私もこの命、一生懸命に生きよう。Nちゃんのウェディングドレス姿を見るまで一生懸命に生きよう。と生きる元気が出たよ。ありがとね」というものでした。

そのハガキを学校から帰って来たN子が読んで、「……走ってよかった。頑張ってよかった」と言いました。

そうです。

「人はただほめられたいわけではない。自分が誰かの役に立っているということを知りたい。誰かから感謝されたい」そういう思いが強いのです。

この話には続きがあって、その一週間後、妻が、その時のお礼を言うために、義母を訪ねて津久見の実家に行ったのです。

「お母さん、ありがとね。あの時、N子は本当に落ち込んで、この試合に出た意味がなかった。学校にも行きたくない。とずっと泣いていた。悲しんでいたんだよ。だけど、お母さんからのハガキを読んで、『あー　走ってよかった』って笑顔になって、今は元気に学校に行っているよ。お母さんありがとね」と伝えたのです。すると、今度はおばあちゃんが「私は84歳、誰の役にも立ってないと思っていた。本当に孫の走りに感動した。ハガキを書かずにはいられなかった。そして、私が書いたそのハガキで、落ち込んでいた孫が元気になってくれた。笑顔になってくれた。私もまだ誰かの役に立てるんだね」と号泣したそうです。

「人はただほめられたいわけではないのです。自分が誰かの役に立っているということを知りたい。誰かから感謝されたい」そういう思いが強いものなのです。

この話を知ると私たちの言葉が変わります。「事実＋《プラス》ありがとう！」は本当に素敵なほめ言葉です。

「○○してくれてありがとう！　○○さんのおかげで元気が出たよ」「Nちゃん、ありがとうね。あなたの走りを見ておばあちゃん、生きる勇気をもらったよ」と自分の心に素直に響いた感謝の言葉は、相手の心に染み込んでいくものです。私はそんなありがとうを目の前の人に伝えたいと思っているし、皆さんにも目の前の人に言っていただきたいと思っています。

その事実が誰のどんな役に立っているかを心を込めて伝えてくださいね。その言葉は必ず、相手の心にしみ込んでいきます。

SECTION 08

「ほめる」は「叱らない」ではない

自走するチームを作るために必要なことは、ほめることだけでなく叱ることも必要です。叱ることは相手を否定することのように捉えられがちですが、マイナスの要因だけではありません。叱ることによって部下や後輩の自己肯定感をアップさせることもできるのです。叱ることによって相手を認めてあげることもできるのです。

どういう風に叱っていくのがいいのか？　それはその人その人に合わせた叱り方をしていくことです。リーダーが部下や後輩を叱るその時には、その根底には成長してもらいたい、団結力のあるチームになってほしい、という思いや願いが込められているはずです。部下や後輩に、自分から正しいと思う行動ができるように促すために叱るのです。部下や後輩、チームのより良い成長を促すために叱るのです。ですから叱り方にも工夫が必要となってきます。時には厳しく、時には穏やかな口調で、または言葉を使わず、じっと待つことも必要になってきます。

心のコップが上向きになる言葉

私が教員時代、ある人から叱られました。その体験は私にとってとても心に残る体験です。中体連の陸上部長をしていた私は、大会の提出物の期限を一日遅れて提出しました。しまったと思ってはいたのですが、毎日の学校の活動や指導が忙しくて、間に合わなかった。だから仕方がない。一日ぐらいなら大丈夫だろう。という言い訳じみた気持ちが心の中にありました。悪いと思いながらも、一日だからいいかなというような気持ちもありました。

そして、その提出物を持っていった時に、中体連理事長から言われた言葉が今も心に残っています。「竹下さん、遅い仕事は誰にでもできるんだよ。早くて質の高い仕事をする。それがプロだよね」

遅れて提出したのに、その書類をちょっぴりヘラヘラしながら提出した私に対して、びしっと心に刺さる言い方をしてくださいました。その時の理事長の様子と言葉は、十数年たった今でも心に残っています。忘れられない言葉になっています。「遅い仕事は誰でもできる。早くて質の高い仕事をするのがプロ」という言葉が私の心の中に素直に入ってきた背景には、その理事長がいつも私の頑張りを認めてくれていたからでした。

理事長は、いつも私がやっていることをほめてくれていました。「竹下さん、よく頑張っているよな」「竹下さんの発想は面白いな」いつも何かしら声をかけてくれて、いいところをほめていただいていた。その理事長から言われた言葉だからこそ私の心のコップは上向きになり素直に受け取ることができたのだと思います。理事長のその時の言い方は怒鳴るわけでもなく、静かに椅子に座って両手を顔の前に組んで、私の目をじっと見つめてその言葉を言ってくれました。

怒鳴られたわけでもないのにその言葉は心に刺さりました。息を飲んで、いつの間にか気をつけの姿勢になっている。後悔の瞬間でした。自分の甘さを不甲斐なく感じ、「この人には迷惑をかけたくない」「期待を裏切りたくない」「次はしっかりやっていこう」そんな思いで理事長の話を聞いていました。

ほめるということは、「叱らない」ことではないのです。「叱らない」ということは、叱ってもいないし、ほめてもいないということ。まだ何もしていないということなのです。ですから「叱らない」ということイコール「ほめている」ということにはつながらないということを、ぜひあなたにも知っておいていただきたいのです。

感情をコントロールできない上司を部下は尊敬しない

もう一つ言うならば、あなたが叱っている目的が先ほどのように、スタッフを成長させたい、スタッフにもっとうまくこの仕事を乗り切らせていきたい、そう願っているのか、それともスタッフの間違いを指摘したい、自分の方がよくわかっている、理解している、あなたよりも私の方が上なのだ、というマウンティングしているだけなのではないか、ということを客観的に見ていくことが大切です。

部下は感情をコントロールできない上司を尊敬しません。これは中学生も一緒です。感情コントロールできない教師を子どもたちは尊敬しないのです。

どんな言葉でその対象となる相手に声をかけることができるかです。「怒鳴る」ではなく、違う態度で相手を納得させる、そんな言葉や態度を持っている人を部下や後輩は尊敬するのです。つまり、部下や後輩が失敗した時、叱るタイミングが現れた時こそ、相手の心をつかむチャンスであり、人間関係を深めるタイミングなのです。では、あなたがどんな言葉で、どんな態度でアプローチしていくのか……。それがあなたの腕の見せどころです。

まず先に「ほめる」「認める」

↓

相手の心のコップは上向きですか

相手との関係がうすいのに叱ると
こちらの言葉が相手の心に入らない

ふだんほめてくれる、認めてくれる人の
叱りのストロークは素直に心に入る

SECTION
09

調子に乗せてみよう！

「ほめたら部下や後輩が調子に乗ってしまいませんか？」と研修などで質問を受けます。その人の質問の裏側にある気持ちは、「調子に乗ると困る」という意味だと思います。もう少し掘り下げると、調子に乗ると私が大変になって困る、調子に乗っている態度がイラつく、ということではないかと思います。だから、部下が調子に乗りはじめると、そういう上司はその部下に、間違いなく、「一回、成功したぐらいで調子に乗るんじゃないよ」と言って、その人のやる気を消してしまうのです。

実はこれがもったいない。自分の能力を最大限に発揮するチームの特徴は、スタッフが調子に乗っています。

この「調子に乗る」という力がチームをより加速させていく原動力となります。

調子に乗ってくると部下は「先輩、私これをしたいです」「先輩これはいらないいんじゃないですか？」「これをやらせてください」ということを言いはじめます。これは先輩にとって、上司にとって、先生にとって面倒臭いことです。こちらが言ったことをやってくれたらこちらは安心です。ところがそれ以外のことをはじめられたら仕事が増えて面倒なのです。しかし、これこそその部下が自分で考え始めた証拠なのです。

今までやらされていた、今までは受け身だった、その仕事をあることでほめられた、認められた、このことによって、もっと成長したい、もっと売り上げを伸ばすにはどうしたらいいのだろう、と自分で考えはじめた証拠なのです。

調子に乗るから成長する！

こういうことがありました。陸上部の指導の中で、ある選手をほめました。その選手はそれまでは、その種目に対してそんなに前向きではありませんでした。ただ練習に対しては真面目に取り組む選手。

ある時、いい動きをしたのを見てほめたことにより、その種目へのスイッチが入って、九州大会に出場できそうな記録まで伸びていきました。そして、その選手は私に「A先生に教わりたい」と言いはじめたのです。A先生とは、その種目の専門の先生です。他校のA先生に教えてもらいたいと言いはじめたのです。

私の中では私の指導を否定されたような気持ちになり、「あのな、俺が教えている内容も全部できてないのにほかの学校に行って練習がしたい？　まず俺の練習が全部できるようになってから言えよ」というような言葉を言ったと思います。今思えばなんとも小さな心です。ただ、当時の私は、心の中で「調子に乗るな」と思っていました。

ただ私の中で、ほめることを軸足にした指導を心がけた時に、今この子は本気で九州大会に行きたいと考えている。自分で考え始めたのだ、ということにようやく気づき、その選手が希望するA先生に連絡を取り練習を見てもらうことにしました。その生徒だけでは不公平感が出るので、同じ種目の選手にも知らせて都合のつく選手を連れて行きました。

その練習を見学していると、私自身も気づきがある、生徒自身も気づきがある、そして私は、「学校でもこの先生の指導内容を後輩に広げていって欲しい」と伝えました。その選手はそこで学んだことを一生懸命メモし、学校でも実践できるようにして、今度は学校の中で後輩たちにも教えるようになりました。選手として、先輩として成長していったのです。

大事なことは調子に乗ったエネルギーを一人のものとせずに、必ずチームの目標に落とし込んでいくことだと気づきました。この時のチーム目標は総合優勝です。自分のその練習が総合優勝に貢献できているのだという、実感を味合わせてあげることが大切だと気づいたのです。

そして監督の私にも心の変化が起こります。最初は何とも言えない否定されたような複雑な気持ちだったのですが、一度そのような経験をすると、「ほめた後に選手たちは、こんな練習がしたい！　とか、ほかの学校の先生に教わりたい、など、相撲で言うなら出稽古がしたい、ということを言い始めるのだ！」ということを私が学んだのです。

一度経験すると、同じような言葉が返ってきても、私の心は動揺しなくなります。そしてこう伝えるようになりました。

「それは総合優勝につながるか？」「自分だけではなくてチームのためになるのか？」こういった言葉の準備ができるようになったのです。また、逆に何も言ってこない時、「あれ？」っと肩透かしを食らったような気持ちになったりします。

今は、その生徒の行動に感謝しています。心の準備ができ、逆にこっちから、「あの先生に練習を見てもらおう！」そんな提案もできるようになりました。それは、調子に乗った生徒から教えられたことでした。

調子に乗るから「想い」が出る

調子に乗った人がたくさん出てくると上司は大変になってきます。それに対応することは労力が必要です。ただ、全部を受け入れるわけではなくて、受け入れられるものとできないもの、それを話し合う時間が大切です。

相手の気持ちを一旦受け入れて、できることはできる、できないものはできないと伝える。大事なことは、部下や後輩のやる気になった「想い」を大切にしてあげること。認めてあげることです。それが自走していくチームの大きなエネルギーになってきます。

そして、もう一つはこちらの「想い」も伝える。あなたの行動が、チームにどんなプラスの効果があるのか、あって欲しいと思っているかを、お互いが「想い」を伝え合うことです。ともに照らし合わせ、最後は理念やチーム目標に焦点を合わせた言葉掛けが必要です。

個人の目標も大切にしながら、必ずチーム理念や目的に想いを集めていく。これは上司が試される場面ですが、その想いを一つにすることが、自分の能力をチームのために最大限に発揮する動機づけとなるのです（ちなみに、「A先生に教わりたい」と言った選手はその後、九州大会に出場いたしました）。

CHAPTER

02

自分自身と向き合ってみよう

SECTION 01

人の価値観を受け入れ、視野を広げる

日本ほめる達人協会のイベントの一つに、認定講師コンテストというものがあります。これは、ほめ達の講師が自分のコンテンツを出し合い、仲間と競い合い、切磋琢磨して、自分自身を磨いていくというイベントです。

その第一回大会に私は出場しました。

その時、認定講師は全国で250人ほど。コンテストに応募し、予選会で勝ち上がった4名が決勝に進出します。その4名が45分間のセミナーをし、会場の皆さんに投票してもらい、順位を決定するというやり方です。

そのコンテストで、私は一位になることができました。

そしてもう一つ、認定講師の中で、最も活躍した人を選ぶ、最優秀認定講師賞（2017年）にも選ばれました。

「え～自慢ですか？」と言われそうですが、いやいやそうではありません。この賞のことをお話したのには理由があります。

自分の能力を最大限に発揮するチームを作っていくためには、ほめる文化を組織に定着させる必要があります。そのほめる文化を組織に定着させるために、まずあなたにやっていただきたいこと、それは自分のいいところを見つけることです。自分の輝きを見つける心の目、心のレンズを持つことが必要だからです。

私たちはつい「ほめる」という言葉を聞くと、自分が部下をほめる、子どもをほめる、というふうに、あなたが誰かをほめる、あなたがほめる側で誰かがほめられる側だと思いがちです。

しかし、その前にもっと大切なことがあります。それは、あなたがあなた自身をほめるということです。自分のいいところ、素晴らしいところ、輝きを自分で見つけるという目を磨いていただきたいのです。

人は、自分自身の良さにはなかなか気づきません。どうしてもまわりの人のすごいところ、素晴らしいところを見て、私はあの人に比べたらたいしたことはないから、と自分を否定してしまいがちです。ところが、見る視点や角度、立場を変えると、素敵なところがいっぱい見つかります。まず、あなたには自分のいいところを徹底的に見つけていただきたいのです。

「BRAVO!リスト」で視野を広げる

いいとこ見つけの心レンズを磨くために、まずやっていただきたいことがあります。それは、自分のいいところ、素晴らしいところを書き出す、「BRAVO!リスト」を書いていただくことです。

この「BRAVO!リスト」にあなたは何個書き出すことができるでしょうか?

人のいいところを見つけられるようになるには、まず自分のいいところ、BRAVO! な部分を見つける所からはじまります。自分のことを認められない人はなかなかまわりの人も認められないので、まずは自分のいいところを認め、書き出してみましょう。

では、時間をかけていいので、「BRAVO!リスト」を書き出してみてください。まずは十個以上を目標に書いてみましょう。

どうですか? 書けましたか?

たくさん見つけられるた人は、いろんな視点で自分のことを見ることができている現れで

見る視点、角度、立場を変えて

⬇

自分の良さを見つける

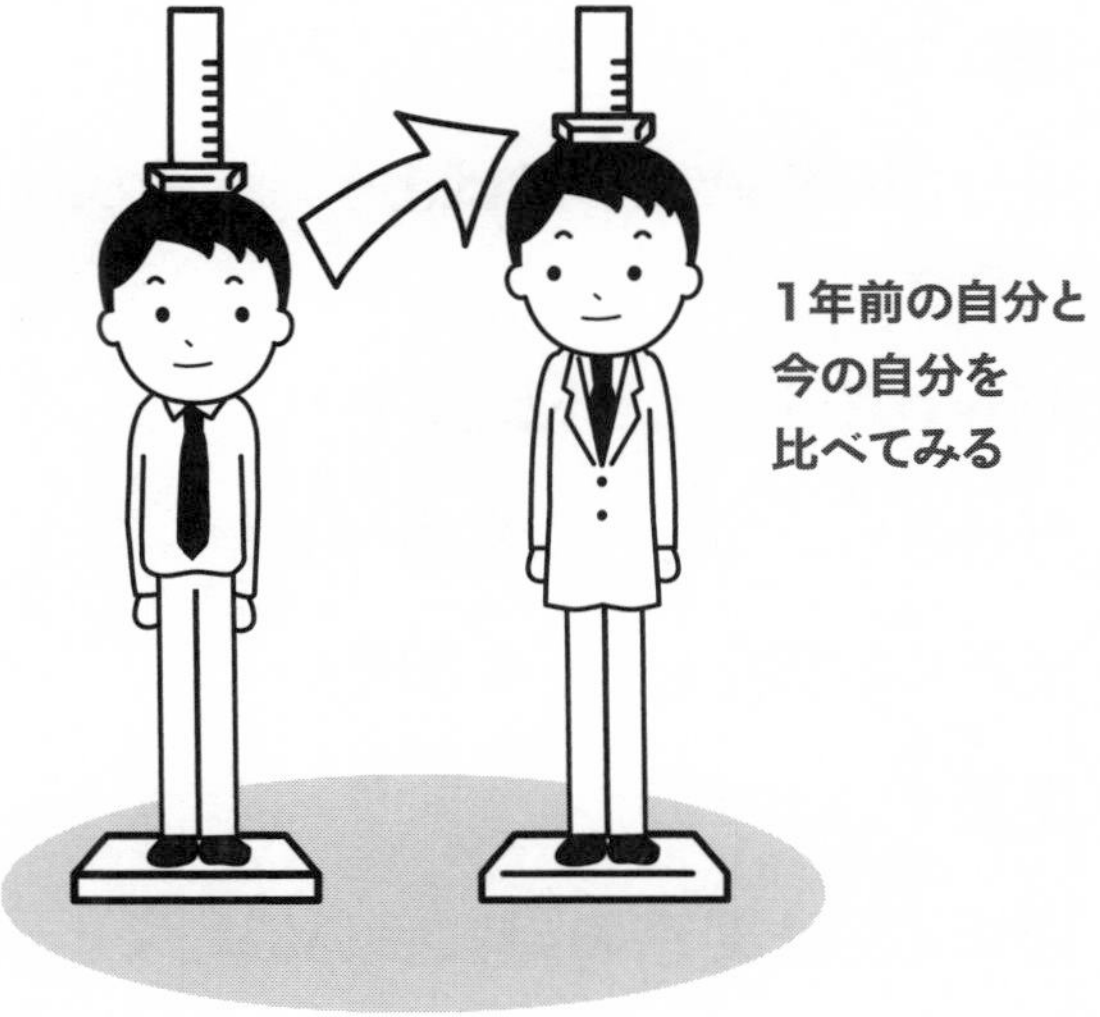

Point

- まず、自分で自分のことをほめる
- 人と比べず、時間軸で自分の成長をみつける
- 視点や角度、立場を変えて自分のよさを探る

（　竹下　幸喜　）の

BRAVO!リスト

（2020）年（2）月（16）日

・週に2回はトレーニングに行く

・自分から家族に「おはよう」などのあいさつをする

・10kgのダイエットに成功!!

・好ききらいなく何でも食べる！

・子どもの話をしっかりと聞く

・読書！

・週に2回は実家の母に会いに行く

・笑顔を意識している

す。その視点を持てば持つほど、価値を見つけやすくなってきます。

書けなかった人、大丈夫です。書けることも大事ですが、この書けていない、ということにも意味があります。

これからどんどん新しい視点を見つけることができる。伸びしろが多くあるということです。これから心の視野が一気に広がる瞬間を味わうことができます。その時の感動を今から味わえるので、超ラッキーです。書けなかったことは気にしないで、これから味わう感動を楽しみにしてください。

ちなみに私も過去、この「BRAVO！リスト」を書き出しました。その時は、なかなか書き出せませんでした。ただ、書いている間、あなたは自分と向き合いましたよね？　自分がこれまで頑張ってきたこと、努力してきたことを頭の中で、心の中で思い出したはずです。

実は、この「思い出す」ということが大事なことなのです。

多様な価値観が視野を広げる

同じような質問で、このようなものもあります。

「部屋の中にある「赤いモノ」の数を数えてください」

この質問も人によって、大きく数が変わります。

同じ部屋の中で、同じ時間、同じ赤いものを数えたとしても、30個と答える人もいるのに、5個という人もいます。その人の見ている基準が違うと、色の見え方が変わってくるのです。自分の赤のイメージにぴったり合うものだけを見る人は数が少なくなります。逆に「これ茶色っぽいけど、赤でもいいかな?」と思える人は数が増えます。自分の基準に頑な人は発想が固くなり、自分の基準に柔軟な人は、柔軟な発想ができる傾向があります。

「それは、赤じゃないだろ!」と自分の価値観を押し付ける前に、「そう言われてみたら、赤でもおかしくないな」とまわりの人の多様な価値観を取り入れ、自分の視野を広げていくことが、ほめる文化を組織に定着させるために必要になってきます。自分の基準・価値観と、まわりの人の基準・価値観の違いを受け入れ、幅広い視野で物事を進めることができるリーダーが、自分の能力を最大限に発揮するチームづくりには必要になってきます。

SECTION 02

自分のコンプレックスと向き合う

「あなたは自分のことが好きですか？」

好きな人は、「ハイ」と声に出して答えてください。もし声に出せないところにいるならば心の中でしっかりと「ハイ」と答えてください。

ここで大事なことは、しっかりと行動することです。自分に問いかけて、その返事を、自分にしていただきたいと思います。

では、もう一度、「あなたは自分のことが好きですか？」

いかがでしょうか？

「ハイ」とすぐに答えられた人は、紛れもなく自分のことが好きな人でしょう。ただ、「ハイ」と言えなかった、あるいは「う〜ん」と即座に答えられなかった人は、何らかの理由や心の迷いがあったのだと思います。その理由や迷いがあなたにとってとても大事なポイントなのです。

今の若者のコンプレックス

この質問を、中学校の講演会に行った時、生徒さんに問いかけます。

「あなたは自分のことが好きですか？」

その時に、何人かの代表の生徒さんに答えていただきます。

「私は自分のことが好きです。なぜならば……」

と恥ずかしそうに答えてくれます。好きと答えた人の理由は人それぞれ。

「たくさん友達がいるから」

「部活を頑張っているから」

「県大会で賞をもらったから」

などです。

逆に、その質問に手が上がらなかった人、自分のことが好きではないと答えた人の理由を聞いてみると、その代表的な答えのトップ2があります。最も多い答えの二つはこれです。

まず一つ目は、

「なんとなく」です。

「好きとか嫌いとか考えたことないけど、嫌いかと言えばそこまでではないし、じゃあ好きかと言えばそんなに好きということでもない。ただ好きか嫌いかと聞かれたら、よくわからないから嫌いにしました。」

という理由です。

そして次に多い答えはこれです。

「○○ができないから」

「僕は勉強ができないから」

「部活のレギュラーじゃないから、補欠だから」

というふうに、自分は○○ができないから好きではない。と答える生徒さんが多いのです。

この「何となく……」と「○○ができないから……」の裏側に隠れている気持ち。自分のことが好きではない、と答える子どもたちの理由の裏側に隠れている、その思いとは「コンプレックス」です。

コンプレックスとは、自分が誰かよりも劣っているということを感じる劣等感で、この劣等感・コンプレックスを持っている子どもたちが多いのです。

そして私は、さらに生徒さんに質問します。

「ではそのコンプレックスは悪いことなのかな？」
「自分のことが好きになれないという理由になるのかな？」
と質問して子どもたちに考えてもらいます。

自分のことを見つめるという意味では、自分の好きなところからアプローチすることもいいですが、逆に、自分の嫌いなところ、嫌なところ、コンプレックスと感じているところから見ていくと、より深く自分の心が見えてきます。

自分の嫌な部分を見つめるのは勇気が入りますが、あなたがリーダーとしてチームを束ねていくためには、できない人の気持ちを理解することも大切です。

私のコンプレックス　その1

まず私がお手本をお見せします。私も幼少時代にコンプレックスがありました。

私は昭和42年10月9日大分県大分市で生まれました。母、幸子30歳、父、喜七50歳、その子どもに生まれた私、幸子と喜七の子どもなので、「幸喜」と、幸せいっぱいの名前をつけていただき、すくすくと育つはずだったのですが、私には三つのコンプレックスがありました。

まず一つ目のコンプレックスは、家業が豆腐屋だということ。

「豆腐屋さんの何がコンプレックスなの？」と思われるかもしれませんが、あなたのお家がもし商売をされていたという人であれば、私のこの気持ちがわかってくれるはずです。家が豆腐屋をしているというだけで、小学校の低学年の時にはよくいじめられました。

教科書に「とうふ」とか「大豆」という単語が出てくるだけで、まわりの子どもたちが私を見てクスクスと笑うのです。またこういったこともありました。

クラスのやんちゃな男の子から教室で「竹下の家ってとうふ屋？」と、言われたのです。知っているのに意地悪そうな顔をして、ちょっとせせら笑いを浮かべながら、わざわざその質問をしてきます。

私は顔も合わせたくなくて、その質問にも答えたくなくて、ただもじもじしていると、その子が「とうふ屋ダサー」（そんな感じの言葉）と、言ったのです。その様子を見てまわりのみんなも笑っています。それに気づいた、やんちゃな男の子ナンバー2、ナンバー3が来て、「とうふ屋〜、とうふ屋〜、パ〜プ〜」

と豆腐屋のラッパを表すような言葉をかけられ、いたたまれなくなって泣いて家に帰っていました。

私のコンプレックス　その2

二つ目のコンプレックスは、小学校中学年の時です。

その時のコンプレックスは体型。私はその頃、いわゆる肥満児だったのです。

二年生までは普通の体型、ところが三年生から四年生にかけて、学校から帰るなりおやつにカツ丼食べてその後にまた夕ご飯を食べて、その後、夜にもお菓子を食べる、そんなことを繰り返していったら一気に太ってしまいました。

太ったレッテルが貼られるとどうなるかというと、野球をする時はキャッチャー、サッカーする時はキーパーと、何も言わないのに、守備位置が決められていました。町内のソフトボールチームに友達に誘われて入りましたが、いきなりキャッチャーミットを渡されて、三日でやめてしまいました。

そしてある時、友達10人ぐらいで、自転車に乗って公園に向かっている時、やんちゃな男の子が振り向いて「何をして遊ぶ？」と声をかけました。私は、反射的に「野球！」と答えました。すると、そのやんちゃな男の子が私の方をジロっと見てこう言ったのです。

「デブは相撲しとけ」

そしてやんちゃなナンバー2、ナンバー3から「相撲しろ、相撲しろ」と野次られて、私は泣いて帰っていました。

私のコンプレックス　その3

もう一つのコンプレックスは父の存在でした。

私が小学校六年生、12歳になると私の父親はもう62歳。頭は白髪で真っ白です。ですので、父と一緒にどこかに出掛けていると、その姿を見かけた友達から、次の日に必ず、「昨日おじいちゃんと歩いていたよね」と、言われました。これがすごく恥ずかしかったのです。ですので、小学校の六年生あたりの時は、父と一緒に近所を歩くことをしませんでした。ちょっと離れて歩いてみたりしていたのです。

その当時、父親参観日という行事が学校でありました。日曜日に授業参観をして、お父さんに授業を見てもらうという行事です。それは私にとって大きな不安材料でした。「父が来たら恥ずかしい」そんな気持ちでした。

父親参観日が近づいたある夜、父が私に言いました。

「今度の父親参観日、行くからな」と。

私は、「恥ずかしいから来ないでよ」と本当は言いたかった。ただ私は父のことが大好きだったのです。

父が私のことをすごく愛してくれている、育ててくれているのが、私にも十分伝わっていましたので「来ないで」と言えなかった。ただ、みんなから「おじいちゃん」と言われるのが嫌だった、恥ずかしかったのです。

ですから父から「参観日に行くからな」と言われた後に、「うん」と小さな声で答えたことを覚えています。

父親参観日当日、まわりの子どもたちは落ち着きなく後ろを振り向いて親が来るのを楽しみにしている、ところが私はずっと机の一点を見つめてドキドキしながら座っていました。「いつくるかな?」「みんなから何て言われるかな?」、ずっとそんな心境で教室にいました。

そして遂にその時が来たのです。父が来たことは後ろを見なくてもわかりました。

うちの父が来た時、なんとなく教室がざわざわっとする。そして、やんちゃな子が、「あのおじいちゃん誰のおじいちゃん? えっあれ竹下のお父さんなの? 何歳なの?」と言い始める。ざわざわざわざわ……。その声がもう恥ずかしくて、恥ずかしくて仕方がなくて、ずっと座ったまま机の上の一点を見つめ、その時間を過ごしました。

父への罪悪感

小学校のある夏の日、父と近くの川に魚釣りに行きました。

その頃は父と行動を共にすることは、ほとんどしなかった私ですが、さすがに友達はここには来ないだろうと思い父と一緒に釣りに行ったのです。

私より5メートルほど前の位置から父が竿を出し、その後に私が竿を出して魚を釣っていました。しばらくすると、なんとそこに友達が来たのです。そしてその友達は、私と父を交互に見渡した後に、父を指差して一言、「おじいちゃん？」と言いました。私はとっさに、「いや違うよ」と答えて、その次の言葉を言おうとしたのだけど、その言葉が出て来なかった。その言葉とは、「お父さんだよ」という言葉。

心の底ではその言葉を言うつもりだったのだけど、喉まで言葉が出かかったのだけれども出て来ない。咄嗟に私は、「全然知らない人」「全然関係のない人」というようなことを言ってしまったのです。

友達は「ふーん」と言いながら、その場から遠くに行ってしまいました。その友達の後ろ姿をじっと見つめて、ふっと目を前に戻すと父の背中が見えました。その父の背中を見た瞬間に、「しまった」という感情が込み上げてきました。

「しまった、大変なことを言ってしまった」

さっきの言葉は、間違いなく父の耳に届いていました。ところが父は一切、こちらを振り向きもせず、怒りもせず、何一つ表情も変えずに黙って釣りを続けていたのです。たった5mほどの距離です。間違いなく父に聞こえています。

「しまった、早く謝らなきゃ」「ごめんなさいを言わなきゃ」と思ったのですが、どういう風に謝っていいかわからない。「謝らなきゃ、謝らなきゃ」と思っているうちにどんどん時間は経ち、帰る時間となりました。

帰り支度をして「そうだ車の中で謝ろう」そう思って車に乗り込み、助手席から謝ろうと思うのですが、きっかけが掴めない。

そうこうしているうちに家に着いて、釣り道具の片付けをして、食事の時間になり、「食事の時に謝ろう」と思うのですが、母も揃って三人になり、テレビもついている、そんな中では、もっときっかけが掴めなくて謝れませんでした。

結局、その日は謝れずじまい。暗い気持ちで布団に入って、明日謝ろう。と寝ました。

ところが次の日になったら、もっと謝れない。三日目にはもう言葉が出せない。五日経ち、一週間経ち、結局、父に謝ることはできず、心の中に、父に悪いことをしたという罪悪感だけが残ったのでした。

自信が持てなかった幼少時代

私は今、ありがたいことに全国で年間200件ほど研修・講演をさせていただいています。するると、「竹下さんって、昔からそうやって人前で話ができたのでしょ?」と、言われる時がありあます。ところが、私は、人前で話すことができなかったのです。人前で話をするのは大の苦手でした。

なぜかというと、小学校の時、私が人前で何か話をしようとしている時「黙れ豆腐屋」「引っ込めデブ」と言われていたからです。その経験から私は、人前で話すのが怖くなったのです。

そんな自分を教室で守るにはどうしたらいいか。それはクラスの中で目立たないようにすること。どこにいるか分からないようにすること。これが自分の心を守る唯一の方法だったのです。

そして、その自信が持てない時代に少しずつ変化が訪れます。

SECTION 03

自分のコンプレックスを解消する

コンプレックスと憧れを持つ

ある時、先生がいつもとは違う雰囲気の服を着て教室に入って来ました。その先生が教室に入ってきた姿を見て、やんちゃな男の子がその先生に「変な服！」と、言ったのです。私はその言葉にびっくりしました。なぜかというと、私にはそんな言葉を先生に言うことはできません。授業中に先生から、「この問題の答えは何ですか？　はい竹下君」と聞かれれば、「はい〇〇です」と答えることはできます。ところが急に入ってきた先生を小馬鹿にするような言葉をみんなの前で大きな声で教室の中で言うなんてことは私にはできませんでした。その時、「この人すごい」とそのやんちゃな男の子を見て正直思いました。

そして、その後の休み時間、先生の教卓のまわりにみんなが集まります。先生を中心に一重の円、二重の円、三重の円ができた。もちろん先生の真ん前は、そのやんちゃな男の子で

す。その時のやりとりはというと、

「先生、その変な服どこで買ったの？　趣味わる！」

「うるさい、そんなこと言うと成績下げるからね〜」

そんなやりとりがあってみんなが「わ〜っ」と笑っている。

私は一番外側の円の中にいて、「あ〜僕もそうやって話がしたいな」「僕も先生に何か言いたいな」と、思っている。ところが結局チャイムが鳴って「あ〜あ」と思いながら席に座る。そんな私だったのです。

その時に、「僕はダメだな」「なぜ僕は人前で話せないのだろう」「僕もあの人みたいに人前で話ができるようになりたいな」と思いました。そのやんちゃな男の子に憧れたのです。

最初の転機

「あの人いいなぁ」「僕もあんな風にしゃべれたらいいのに」と、そんな思いをずっと心で持ち続けていると、心の中で「自分を変えたい！」という思いが少しずつ湧き上がってきました。

ところが何をしていいかわからない。何をどう変えたらいいかわからない。ただ、「変えたい」「変わりたい」という想いだけを抱え、モヤモヤして生活していました。

ある時、お腹の調子が悪くなって保健室に行きベッドで横になっていると、保健室の先生が別の女の子にダイエットの話をしていました。そのダイエットの話を聞いて私は、ピンときた。「そうだ痩せよう！　痩せることなら僕にもできるかもしれない」と思い、ダイエットを決意したのです。

そして、私は痩せるために毎晩したことがあります。小学校の男の子が痩せるために毎晩したこと、それは何か？

「お祈りです」（恥）

馬鹿と思われるかもしれませんが本当です。

どうしてかというと、走っても毎日続かない。腹筋しても二回しかできない。ところが毎晩寝る前に「神様どうか痩せさせてください」と祈ることは、一年間続いたのです。するとどうなったか？　痩せたのです。この時思いました。

「神様って、いるんじゃないかな？」

最大の転機

そして、私にとって最大の転機が訪れます。

それは小学校六年のある時、先生から声をかけられました。

「竹下くん陸上の大会に出てみない？」

当時、近隣の小学校との学校対抗陸上記録会があり、その選手になって出てみないかという声をかけてもらったのです。もうその時は、嬉しくて、嬉しくて、「はい！」と返事をして放課後の練習に参加しました。毎日きつい練習でしたが、本当に毎日が嬉しくてたまらない日々でした。

そして出場した種目は100メートル走と走高跳。100メートル走は二位となり、そして走高跳ではなんと優勝してしまいました。

この結果は自分にとって、とても嬉しくて、大きな自信になりました。ところが、実はそれ以上にもっと心を揺さぶられ、もっと私を勇気づけたものがありました。それはその後、先生から言われた一言です。どんな言葉をもらったか。

「すごいね。やったね」

これも嬉しかった。それよりも、もっともっと嬉しかった言葉があります。それは「幸喜、やったね！」と言ってもらえたことです。先生がはじめて私を下の名前で呼んでくれたのです。

それまではどの先生からも、苗字で呼ばれていました。

「竹下くん、それ取ってくれる？」

「竹下くんこの問題は？」

「竹下くん陸上の大会に出ない？」

といつも苗字で呼ばれていたのです。

ところがクラスのやんちゃな男の子は、どの先生からも下の名前で呼ばれていた。もうそれが羨ましくて、羨ましくて、仕方がなかったのです。

ところがその時、初めて、先生から下の名前で呼ばれた。もうどんなに嬉しかったか？　それはこんな感じです！　バリバリバリと雷に打たれたような感激だったのです。

「先生が自分の存在を認めてくれた」というような気持ちでした。

「今の私」を認めてくれた!

中学校に入学しました。

かけっこだけが唯一の得意種目だったので、中学校では陸上部に入部。勉強はできる方ではなかったので、ひたすら一生懸命走っていました。ここで、また私の大きな転機となる言葉をもらいます。

中学一年の七月、部活を終えて帰ろうとした時、陸上部の顧問の先生から呼び止められてこう言われました。

「幸喜、お前を全国大会に連れて行ってやる!」

「えっ全国大会ですか?」

「今、お前はいい練習している、この練習を続けたら、必ず全国大会に行ける、全国に行こう!」

それまでは全国大会なんて考えてもいなかったので、この先生の言葉ではじめて全国大会を意識しました。そしてその時から私の目標は全国大会出場になったのです。なぜならば、先生が言ったからです。

私の心に「全国大会に出場する！」というスイッチが入りました。

この先生が私にしてくれたこと。それは「今の私」を認めてくれたのです。今、頑張っていることを評価してくれた。そして、声をかけてくれたのです。

その声かけをもらってからは、きつい練習の時に、「この練習は、先生が俺を全国大会へ連れて行こうとしているのだ」と思うと、どんな苦しい練習にも耐えることができました。

陸上部の顧問の先生は、「今の私」を認めてくれたのです。

それから、タイムが徐々に上がっていきました。タイムが上がると嬉しい、だからまた練習を頑張る。するとまたタイムが上がる、その繰り返しで、タイムと一緒に自信も徐々に付いていったのです。

豆腐屋のコンプレックスの解消

豆腐屋のコンプレックスは中学校一年生の時に解消しました。それはこんな出来事でした。

私の中学校は、二つの小学校の卒業生が入学してくる中学校。ですから私のことを豆腐屋だと知らない、別の小学校の人たちもいました。

ある時、別の小学校のやんちゃな男の子が、ニヤニヤしながら「幸喜の家って豆腐屋？」

と、私に聞いてきた。

「あ～またか」と思いながら、何と返そうか悩んで言葉を探していた時に、その話を横で聞いていた陸上部の友達が「幸喜の家の豆腐っておいしいんだよ。そして幸喜の家の豆腐を食べたら足が速くなるよ」と言ってくれたのです。

それを聞いたやんちゃな男の子が「マジで？」「そうか～、だから幸喜は足が速いんだな」と言った。

このやりとりから、「幸喜の家の豆腐を食べると足が速くなる」という図式ができました。そのおかげで、私はまわりの人に、「ウチの豆腐食べた方がいいよ。足が速くなるから」と冗談交じりに言えるようになったのです。実際、その噂を聞いた友達が、夏休みの朝、豆腐を私の家に買いに来てくれたこともありました。

この時を境に、私はまわりの人に「僕の家は豆腐屋だよ！」と堂々と言えるようになったのです。

これは陸上部の友達が、私のコンプレックスの一つであった豆腐屋を認めてくれたからです。豆腐屋のコンプレックスが消えた瞬間でした。

父への言葉

そして、もう一つ。父に対しての想い、罪悪感は中学校三年生まで引きずりました。

中学校三年生のある時、陸上の選抜の合宿がありました。陸上競技場の近くの旅館に泊まって、三泊四日の合宿があったのです。

そこで神様のいたずらがありました。その合宿で泊まっている旅館に、私の父が豆腐を配達していたのです。

合宿の宿泊先を知った時、私は「合宿で父に会ったらどうしよう」と、すごく心配になりました。

合宿一日目は会いませんでした、二日目、三日目も会いませんでした、ところが四日目の早朝練習に向かう時、旅館の玄関で靴の紐を結んで出発しようと顔をあげた瞬間、旅館の前に父が立っていたのです。

帽子を深くかぶって、肩にタオルを巻いて、前掛けをして、白い長靴を履いて、車から旅館に汗びっしょりになって豆腐を運んでいる父の姿がありました。

父も私の気持ちがわかっているのです。私が父と会うのを嫌がっているのがわかっているから、帽子を深くかぶって顔が見えないようにしている。

「あ！　父さんがいる」と思い、まわりを見渡すと友達が数人います。

「どうしよう。このまま何も言わずに父さんの前を通り過ぎて、陸上競技場に行こうか」と思いました。

「いやそれはできない、それやったら、また小学校の時と同じじゃないか、また父さんを否定してしまうことになるじゃないか、それはできない、どうしよう、どうしよう……」

しばらくの間、旅館の玄関で自問自答し、どうしようか、迷いに迷って、そして決心して父の横に行ってこう言ったのです。「父さん、おはよう」。

すると父が、ぱっと顔上げてくれて、「おはよう、今から練習か？　頑張ってこいよ」そう言ってくれたのです。その私と父の会話を聞いていた友達が気づいて、私に「えっ、幸喜のお父さんなの？」と聞いてきたのです。そして、私は父の真横に立って、友達に「うん、そうだよ。僕のお父さんなんだ」と伝えました。

私はこの時生まれて初めて、父を友達に紹介したのです

「これが僕のお父さんなんだ」と。胸の中ではドキドキドキドキと心臓の音がしていました。みんなに何か言われるんじゃないか、馬鹿にされるんじゃないかとドキドキしていた。とこ

ろがそんな不安に思っていることは何一つ起こりませんでした。

友達は、「幸喜のお父さん、おはようございま〜す」と言い、父も「あ〜みんな今日は暑いから気をつけてな」と普通に会話を交わしていました。

競技場に行っても、何か言われるわけでもなく普通に練習ができた。最終日の合宿ですから、体はヘトヘトなはずなのに、父を友達に紹介できたことが嬉しくて、四日間で一番元気よく練習することができたと思います。

合宿が終わって家に帰った時、母から、

「今日ね、お父さんが今朝、幸喜がおはようって言ってくれたって喜んでたよ」と教えてもらいました。

私は父に、ごめんなさいは言えなかった。ただ、この時、別の形でお詫びはできたかな、と思っています。

自分の価値を認める

まずは、自分の価値を認めるということです。

一つ目は肥満児だったその時も認める。腹筋しても二回しかできない、走っても続かない、

「神様どうか痩せさせてください」と祈る自分も私だよねと、受け入れることができた。

そしてもう一つは、豆腐屋の家業を受け入れることができた。

「この豆腐屋の何が恥ずかしいのだ。父と母が一生懸命働いているこの仕事、全然恥ずかしくない！」と自分の中で家業の仕事を受け入れることができた。

そしてもう一つは父の存在、家族です。

「父の何が恥ずかしいんだ。友達のお父さんよりは歳をとっているかもしれない。ただこんなに自分のことを愛してくれている、一生懸命育ててくれている、この父の何が恥ずかしいんだ」と父・家族の存在を受け入れた。

そうやって自分がコンプレックスだと思っていたことを、自分の心の中に受け入れることができた時、その後の中学校の陸上競技の全国大会の三種競技Aという種目で、私は日本一になれました。その力が出せたのは、自分のコンプレックスを受け入れることができたからだと、私は思っています。

SECTION
04

自分の中からダイヤの原石を発見する

今回、私の体験をエピソードで語らせていただきました。そうさせていただいた理由は、私の体験を読んで、あなたの体験を思い出していただきたかったからです。

今回の私の体験を、企業研修の中でもお話させていただくことがあります。その時にご自分の経験と照らし合わせて、涙される人もいらっしゃいます。

私のコンプレックスの柱は、

1. 家の職業
2. 自分の体
3. 父・家族

この三つでした。

小さい時に、この三つのどれかに当てはまるものがあり思い悩んだ経験がある人が多いように思います。

まずはあなたのこれまでの人生を振り返って、自分自身と向き合ってください。そして、あなたの中にあるダイヤの原石を見つけていただきたいと思います。

短所の中から見つける

では、長所を書き出してください。こう言われてもなかなか書けない人が多いです。「長所」という言葉に何となく書きにくさがあります。できている、できていないに関わらず、あなたのいいところ、あなたの自分で好きなところ、頑張っているところを書き出していただきたいのです。

ところがやっぱり「長所」は書きづらい、書けないという人は、あえて、あなたが短所と思っているところを書き出してください。

長所は書けないけれど、短所だったらたくさん出せるという人は、結構いらっしゃいます。であれば、短所を書き出してみてください。実はその短所と思えるところの裏にダイヤの原石が隠れています。そのダイヤの原石を見つけていきましょう。

短所の中からいいところを見つけるポイントは、私が先ほど皆さんに披露したように、あなたの人生をエピソードで思い出すことです。あなたがちっちゃかった時、小学校、中学校、高校の時のエピソードを思い出していくと、普段意識していない、忘れていた、あなたのいいところが頭に浮かんできます。

私でいうなら、「神様、どうか痩せますように」と寝る前にお祈りをしていたこと（笑）今振り返ったら、馬鹿みたいなことですが、当時の私は真剣です。本気で神様にお祈りしていました。

「本気で神様にお祈りしていた幸喜くん、素晴らしい！」とほめてあげてください。

そんなことだったら、「私にもある」ということを思い出してもらいたいのです。「毎日、部活を頑張った」「勉強落第点だけは取らないようにした」「あの娘を一途に三年間好きだった」など、どんなことでもいいので、エピソードで振り返ってみると、その当時のあなたのいいところが見えてきます。ちょっぴり自分の人生を第三者の目から見ていくと長所が見えてくるかもしれません。

その思い出した、あなたのいいところを「ＢＲＡＶＯ！リスト」に追加してみてください。

嬉しいポイントの中から見つける

私は、まったく自分に自信が持てませんでした。その自信を持つきっかけをくれたのは、小学校の先生が私の下の名前を呼んでくれたからなのです。「幸喜」と呼んでくれた。たったこれだけです。

自分というひとりの人間の存在価値を認めてくれたからです。私は自分が言われて嬉しいポイントは、名前なのです。

よくよく考えてみたら、名前とは、父と母がくれたもの、本当に大切にしていきたいものです。そして名前というのは、自分のものであるのに自分以外の人がよく使うものでもあります。そして自分の耳が一番よく聞いている言葉です。

今は難しい時代になりましたので、下の名前で呼び合うことができない組織もあるようです。苗字で「○○さん」と呼び合うという学校もあるようです。ただ、研修の中でワークをする時、下の名前や、自分が呼んでもらいたいあだ名で呼び合うことは、コミュニケーションを深めることができる大きな手段の一つになっています。

ちなみに、私は、「幸喜さん」「幸ちゃん」「幸喜」と呼んでもらうと嬉しいです。

中学の同窓会では、男子も女子も私を「幸喜」と呼び捨てです。ところが、それがとても心地良い。私にとって、下の名前には私の存在価値を認めてくれる大きな力があるのです。

「今」の中から見つける

あなたのこれまで、一生懸命取り組んできたことを思い出してください。

部活動でもいい、勉強でもいい、習いごとでも、もちろん仕事でも、何でもいいです。一生懸命取り組んできたことを思い出してください。その中にはうまくいったこと、いかなかったこと。成功体験もあるし、失敗体験もあるでしょう。

そこで大事なことは、前向きであろうとなかろうと、どの体験もあなたが一歩踏み出して行動してきたという事実です。その頑張りや、価値をあなた自身が見つけていただきたいのです。その行動に失敗はありません。一つひとつが学びです。

私は、陸上部の顧問の先生が「いい練習している」と「今」の私を認めてくれたのです。正直に言うと、きつい練習が始まったら、心の中では「手を抜こうかな」「ちょっとサボろうかな」という気持ちが出て来ていました。いい練習をしていない時もあったと思います。ところが、その先生から「いい練習している。この調子だと全国大会に行ける」と言われてからは、一切「手を抜こう」なんて気持ちは出なくなりました。さぼらなくなった。逆にきつい練習が始まると、嬉しさを感じたほどです。

その先生の言葉に励まされて、毎日の練習を積み重ねた結果、全国大会に行けただけではなくて、その目標を突き破って、全国大会で優勝することができたのです。それを成し遂げられた理由は、その当時、顧問の先生が、「今」の私を認めてくれたからです。

「未来」の中から見つける

今、あなたが持っている自分の未来像がありますか？

一年後、三年後、五年後、十年後……どんな自分になっていたいですか？　未来の自分を誰かに認めてもらうと、その未来像に大きく一歩近づいていきます。

私が中学三年生の時の担任は体育の先生でした。陸上部の先生も体育の先生。「なんだか体育の先生っていいな」と思い、中三の時、その担任の先生に「僕、体育の先生になりたいのですが、どうやったらなれますか？」と聞いたのです。すると、その先生が私に「幸喜、体育の先生になりたいのか、お前向いているぞ」と言ってくれたのです。「幸喜、向いているぞ、幸喜だったらいい先生になれるぞ、なったらいい」と言ってくれたのです。私は、「えっ本当ですか？　向いていますか？」「あ〜、向いている」と。

その言葉で、バーンと私の心にスイッチが入りました。「体育の先生になろう！」と思いました。なぜなら、先生がそう言ったからです。この先生の言葉で、「体育の先生になる！」というスイッチが入ったのです。

そこから本気で体育の先生を目指し、その約十年後、体育の先生になりました。そして二十年間中学校の教員を務めたのです。

私は、当時、勉強が得意じゃなかった。だから、もし先生が、「お前勉強がダメだから、厳しいぞ」と言われていたらそこまで頑張れていないかもしれない。先生はその時は勉強のことは何も言わず、「幸喜だったらいい先生になれる」と認めてくれた。先生は未来の私を認めてくれた。だから本当に先生になれたのです。

できるかできないか、なれるかなれないかは誰にもわからない。未来は誰にもわかりません。まず、あなた自身があなたの未来を認めてあげてください。

そして、誰かに、自分の未来を話してみませんか？　これは勇気のいることですが、この人ならと思える人に未来の自分を話すことをお勧めします。それがその後のあなたのエネルギーになっていきます。

感動した場面の中から見つける

私は小学校の時の先生が「幸喜」と下の名前で呼んでくれました。たったそれだけ、それだけで私は電流を受けたような衝撃を受け、やる気が出たのです。その先生が私の存在を認めてくれたのです。

友達が、私の家の仕事、豆腐屋のいいところをみんなに語ってくれた。「幸喜の家の豆腐は美味しいんだよ」と自分では言いにくかったことを伝えてくれたのです。それから私は自分の家が豆腐屋だと、みんなの前でいうことができるようになったのです。

中学校に入って陸上部という環境の中で、顧問の先生が今の私を認めてくれた。だから全国大会に行って、優勝までできた。

中三の時の担任の先生が、未来の私を認めてくれた。自分が未来を語った時、「幸喜、お前はいい先生になれる」と認めてくれて、背中を押してくれた。それが私の心の支えとなり、その未来へ導いてくれて、本当に、その未来を手に入れることができたのです。

あなたの心が熱くなったこと、感動した場面の中に、あなたにとって大切なダイヤの原石があるのです。

SECTION
05
自分のいいところを人に聞いてみる

第二章では、「自分と向き合う」ということがテーマです。

なかなか自分のいいところを見つけられない、見つけられなかった、という人もいると思います。自分のことはなかなか自分ではわからないものなので、ここは発想の転換です。自分では見つけられないのだから、誰かに聞いてみましょう。

電話で聞く

研修の中で、自分のいいところが見つけられない人がいる時、こういうことをします。

自分のいいところを、誰かに電話で聞いてもらいます。いきなり電話し、「私のいいとこ教えて」とは聞きにくいです。という人がいらっしゃるので、あえてこう言ってもらいます。

「今、ほめる達人の研修を受けていて、研修の課題で仲のいい人に自分のいいところを聞くという課題をやっているのだけど。私のいいところを一つ教えてもらえる？」

と電話をかけて聞いてもらいます。

かけられた人には申し訳ないのですが、少し協力していただいてお答えいただきます。それでもほとんどの人がしっかり答えてくれて、いいとこ一つといっても、大体三つぐらいは教えてもらえます。

三人ぐらいの人に電話をかけてもらいますので、十個ぐらいのあなたのいいところが集められます。重なる部分はとくにあなたがまわりの人に与えている印象だと思ってください。

そして電話をかける時にアドバイスがあります。

まず一人目は、あなたが一番電話をかけやすい人にしてもらいます。あなたが一番この質問を聞きやすい人です。上司、部下、同僚、親、きょうだい、妻、夫、子ども、誰でもいいのです。この一人目にいい感じで答えてもらうと、心に元気をもらえますので、二人目、三人目と電話をかけやすくなります。

ただ、私の経験でお話すると、電話で一番いい雰囲気になるのは、妻や夫、恋人に自分のいいところを聞いている時です。皆さん恥ずかしそうにしながら、とてもいい笑顔を見せてくれます。大切な人から電話で自分のいいところを聞くというのが、なんとも言えないいい雰囲気を作るのかもしれません。私はこの時の表情を見るのが大好きです。

グループに聞く

会社の研修などでは、「他己紹介」というワークをやります。二人組になって、相手をインタビューして、その人のいいところ、素晴らしいところを聞き出して、まわりの人に紹介するというワークをしてもらいます。すると自分のいいところも教えてもらえるし、まわりの人のいいところもたくさん知ることができます。会社の中でこのワークをやることをおすすめします。

ほかにも電話ではなくて、もちろんメールやラインで集めてもいいと思います。メールのいいところは、文字が残りますから、聞きそびれることがありません。また後で何回も見直せるということがいいところです。

もちろん、あなたのすぐそばにいる人に直接聞いてもいいですね。普段はなかなか聞くことができないあなたのいいところを、一度集めてみてください。どうしても聞きにくい時は「研修の宿題なんだけど……」という言葉を付け加えると、ハードルが下がって聞きやすいかもしれません。

わからない時は人に聞く！　これも一つの手です。

SECTION 06 自分を許す！

それでもなかなか自分のいいところを見つけられないというあなたへ、私からのメッセージがあります。それは、「自分を許す」ということです。

「自分をほめる」という部分で、一番深い愛は、「自分を許す」ことです。

自分のいいところが見つけられなかったというあなたは、仕事の面でも、家庭の面でも一生懸命頑張っている人だと思います。その自分の頑張りをほめてあげてください。

「いやいや、私より頑張っている人はたくさんいる、こんな自分はまだまだほめられない」と謙遜される人もいらっしゃいます。そのあなたを、あなた自身が許すのです。

精神医学者のジェラルド・G・ジャンポルスキーはこう言っています。

「許すとは、誰も完璧ではない、ということを知ること」

「許すとは人生を良くする特効薬」

あなたの頑張りを思い出してください。

「いつも失敗ばかりしている」

「なかなか仕事がスムーズにいかない」

「部下の指導がうまくいかない」

私はまったくいいところがない。そう思えている自分であっても
「失敗はあるけど、同じ失敗を繰り返さないように気を付けている」

「仕事がスムーズにいくにはどうしたらいいか、私なりに考えてやっている」

「部下の指導でどう声をかけたらいいのか、今この本を読んで学んでいる」

まだいい結果として表面には出ていないけれど、気を付けている、考えている、学んでいる。このことが素晴らしいのです。

私生活で自分を許す！

真面目な人ほど自分を許さない傾向にあります。ですので、私生活でも自分を許してあげましょう。

きつい時こそ自分を許す。心をゆっくりさせる。自分の心を甘やかせてください。

「今日は一日、好きなことをして過ごそう」

「週末は温泉に行こう」

「お気に入りのカフェでコーヒーを飲もう」

「今日は食事を作らない。外食！」

きついところから離れる。こうしなければならないから離れる。

私たちは、そういうことをサボっている、逃げている、手を抜いている、甘えている、とどうしても自分を責めてしまいます。真面目な人ほど、そんな自分を許せない、こうしなければならない、という気持ちを少し解放してあげる。

サボったり、逃げたり、手を抜いたり、甘やかしたりするのは、自分へのご褒美だと思ってください。迷惑をかけない範囲であれば手を抜くことも認めてください。

筋トレやダイエットでチートデイというのがあるのを知っていますか？ 筋肉の量を落とさずに、無駄な贅肉を落としていく。そのためには、一週間に一回、自分の好きなものを好きなだけ食べてもいいという日を作るのです。これがチートデイです。

トレーニングにもチートデイがあるように、仕事や生活の中でもチートデイを作っていいと思います。

心を許す、チートデイで肉体的にも精神的にも自分を許し、喜びを味わってください。

SECTION 07 自分の可能性を引き出す

やはり、私の心の支えになっているのは、父と母の姿です。

ただ、父と母のことを思い出した時に、二人からどんな言葉をもらったか？　実は、これ！　という言葉がはっきりと思い浮かばないのです。もちろん、いろんな励ましの言葉をもらっています。なぜか、この言葉！　と一つに絞れない。

父と母のことを思い浮かべた時に、私の中でまず一番はじめに思い浮かぶのは、父と母が汗びっしょりになって豆腐を作っている姿です。言葉ではなく、毎日、毎日、朝早く起きて、二人が働いている姿なのです。その父と母の姿を思い浮かべると姿勢が正されます。

誰かに伝わるメッセージというのは、言葉じゃないかもしれません。親が、大人が、人が、一生懸命生きている姿に、大きなメッセージが込められているのではないかと思います。

「変えたい」「変わりたい」を呼びおこす

↓

コンプレックスと憧れを持つ

Point

- 「憧れ」は「その人のようになりたい」という種を自分に蒔いてくれる。
- 憧れられる人も素敵だが、憧れているあなたも素敵。
- コンプレックスは「変わりたい」のスイッチ。

コンプレックスは、可能性を引き出すスイッチ

私は、日本ほめる達人協会講師コンテストで一位になりました。人前で話すことで賞をもらうことができたということを小学校四年の私が知ったら、腰を抜かすぐらいびっくりすると思います。

ただ、それは、あの時の私が、コンプレックスを持ってくれたからです。やんちゃな男の子を憧れてくれたからです。だから私はあれから何十年も経って、人前で話をするコンテストで一位をとることができたのです。すべてあの小学校四年生の私のおかげなのです。

コンプレックスは悪いことではなく、あなたの伸びしろです。あなたがまだ飛び立ったことがない滑走路。その滑走路から飛び立った時、今まで見たこともないような景色が見えるようになります。ぜひその滑走路からあなたには勇気を出して飛び立っていただきたいと思うのです。

コンプレックスは、あなたの可能性を引き出すスイッチです。そう考えるとコンプレックスは、悪いことではない。コンプレックスがあるから私たちは成長できるのです。

CHAPTER

03

まずは自分が人をほめてみよう

SECTION 01

まわりの人をほめてみる

では、実際にほめてみましょう。ほめることは理論よりも実践です。英語と同じで机の上で勉強しても上達しません。目の前の人をどんどんほめていってください。

「ほめる」ことを、「他人のコントロールに使わない」と第一章でお伝えしましたが、あまりそこに縛られるとうまく伝えられなくなります。普段からほめ言葉を使うことが苦手な人は、尚更です。まずは、その縛りを解いて勇気を出してほめてください。

もしかしたら相手はおべんちゃらに聞こえるかもしれませんが、それでも大丈夫です。あなたが、どんなにその人の「ここがすごい」「素晴らしい」と思っていたとしても、そのことを言葉にして相手に伝えなければ、あなたの気持ちは伝わりません。まずはあなたが言葉に出して目の前の人に伝える、ということを心掛けてください。

ほめ言葉を準備する

ただ、あなたは、どれくらい「ほめ言葉」を持っていますか？

あなたの気持ちを相手に伝える時には、いろんな表現方法を持っておくことをお勧めします。もちろん恋人に一言「好きだ」でもいいでしょう。それはそれでストレートに相手の心に響きます。ただ、それにプラスして、さらにいろんな表現の言葉を持っておくと、より相手の心を掴むポイントになることも事実です。

また、これからチームを引っ張っていくあなたには、いろんな表現で相手に自分の気持ちを伝えることを楽しんでもらいたいのです。

言葉はギフトです。誕生日や記念日に花束を渡すことと同じです。あなたが大好きな人へ言葉の花束を送るとするならば、その人の素晴らしいところや、素敵なところを見つけて、いろんな表現でラッピングをして渡してもらいたいのです。

では一度、あなたのほめ言葉を書き出してみましょう。

まずは、「自分が言われて嬉しいほめ言葉」を5分間で、できるだけ多く書き出してみてください。

ほめることは理論より実践

↓

ほめ言葉は相手へのギフト

Point

- ほめることは英語の習得といっしょで、とにかく目の前の人にどんどん使っていく。
- 自分が言われてうれしいほめ言葉を書き出すことでほめボキャブラリーが増える。
- 自分に向けていた視点を自分以外の人やまわりの人に向けてみる

これは、日本ほめる達人協会のほめ達検定3級の問題1です。検定の問題1になるぐらいですから、ほめ言葉の数というのは重要項目ということです。

これは単語でも構いません。あるいは、実際はできてなくても、言われたら嬉しい言葉で構いません。とにかくあなたが、言われたら嬉しい！と感じる言葉を書き出すのが秘訣です。

では、5分間で書き出してみましょう。目標は30個です。よーい　スタート！

どれくらい書けましたか？　30個書けたでしょうか？　もちろん書けていなくても大丈夫です。これから増やしていけばいいのです。

今書いていただいたほめ言葉をさらに増やす方法は見る視点を変えることです。自分が言われて嬉しい言葉は思い浮かばないけど、まわりの人のいいところは思い浮かびます。という人もいらっしゃるので先ほど自分に向けていた視点を、今度は、自分以外の身近な人や、自分の好きな人へ向けて考えてみましょう。家族や恋人や友達、俳優や歌手、ドラマやアニメの主人公でも構いません。身近な人、好きな人のいいところを、ほめ言葉で書き出してみましょう！

「自分が言われて嬉しいほめ言葉」

自分が言われて嬉しいほめ言葉をできるだけ多く書き出してください。

・かっこいい
・頼りになる
・元気がいい
・天才
・また会いたい
・おもしろい
・たのしい
・明るい
・ポジティブ
・話がうまい
・ありがとう
・楽しい
・たすかった
・気合が入ってる
・一番
・持ってる！
・やるね！
・さすがですね

いかがですか？　そうするとさらにほめ言葉が増えていったのではないでしょうか？　実は、この視点を変える！　ということが、いい面を見つける上では重要なポイントとなります。この視点を増やせば増やすほど、表現方法や言葉が増え、あなたの心が豊かになります。ほめ言葉の準備をしておきましょう。

「モノ」をほめる

それでは、次に目に見えている「モノ」をほめてみましょう。今、あなたのまわりにある「モノ」をほめてください。何がありますか？　ペン、マグカップ、パソコン、なんでもいいのです。目に入ってきたものをほめてください。

「え？　モノをほめるの？　馬鹿馬鹿しい！」と思わないでください。口べたな人は、このモノをほめることもできない人が多いのです。ほめることが苦手な人は、まず、この「モノ」をほめることからはじめて、言葉を増やしていきましょう。

今、あなたが見えている「モノ」の価値を、あなたの視点から気づいたところを言葉に出してみてください。一つひとつの「モノ」をじっくり見てみると、「モノ」の作り手のちょっとした工夫があったりして、その工夫に気づいた時は感動します。作った人の想いがこちらに伝わってきて、思わず「すごい」や「ありがとうございます」という言葉が自然に出てきます。

「今自分が使っている、シルバーのボールペンはスタイリッシュで、高級感があり、かっこいい。黒、赤のボールペンも使えてシャープペンシルまでついている。手帳につけても邪魔にならず、滑らかな書き心地でとっても使いやすい。作っていただいた人ありがとうございます」

こんな感じです。

今、目の前にある「モノ」をじっくり見つめて、その素敵なところ、素晴らしいところをいろんな言葉で表現していただきたいと思います。

表情の準備をする

口べたな人を見ていて感じるのが、表情の硬さです。その硬い表情でほめ言葉を言っても、なかなか相手に伝わりにくいところがあります。

そこで次に準備するものはやっぱり「笑顔」です。

この笑顔はどの本を見ても、どの講師も必ず言う部分です。これはコミュニケーションの登竜門だと思って実践してください。

ただ、今のあなたの笑顔レベルが10だとして、それを一気に100にしてくださいなんて言いません。昨日よりも今日、今日よりも明日と少しずつ、一つずつ積み上げていただきたいのです。

元客室乗務員の人から聞いた「笑顔は練習するもの」という言葉。笑顔は誰でもできることと思われていますが、笑顔も練習が必要なのです。

私が開催しているほめる達人講座に来られていたUさんのエピソード。

Uさんが散髪をしている時に、知り合いの人が入って来られたのを鏡ごしに見つけたので、振り向き満面の笑顔で挨拶して、前の鏡で自分の顔を見た時に驚いたそうです。

全然笑ってなかった……と。

自分では満面の笑顔で挨拶したつもりが、まったくできていなかったことにショックを受けて、それから練習し始めたそうです。

実は私もまったく笑うことができなかったのです。

中学校教員の時は、なめられたくないので生徒の前では笑わない、と決めていた時期もあるほどです。講師をはじめたばかりのアンケート用紙に、「講師の顔が怖い」と書かれたこともありました。

そこから練習です。私は鏡で自分の顔を見た時は必ず笑うと決めています。正確に言えば、笑うというより、頬の筋肉、表情筋を上げる、ほっぺの横にお団子を作るイメージです。

そして口角をあげて、口角の端が水平より上になるようにします。その時の顔は笑ってないように見えますが、気にしない。顔の筋トレだと思ってやってください。

30秒やったらいいよと教えてもらいましたが、私は5秒でした。短くても毎日続けることが大切です。とにかく顔が鏡やガラスに写ったら、1秒でもいいので笑顔筋トレの習慣をつけてください。

楽しいから笑うのではない、笑うから楽しくなる。

私の笑顔の目標は、笑福亭鶴瓶さん。あんな素敵な笑顔になれたらいいですね。

「行動」をほめる

それでは視点を人に向けてみましょう。

その人の行動を見てください。その人がどんな行動をとっているか。その行動に表れているいい部分、素敵な箇所、共感できるところ、素晴らしいところを見つけて、ほめ言葉を伝える準備をしていただきたいと思います。

それは目の前の人を観察する、よく見る、関心を持つということです。その人をこと細かに私生活まで詮索する必要はありません。ただ、その人が何時に会社に来て、どのような様子で働き、誰と仲が良くて、どんな表情をしていて、何時ごろに退社しているか。ちょっと意識して見ていくと、今まで見えていなかった、気づいていなかった、その人のことが見えてきます。

「想い」をほめる

そして、もう一つ大切なところは、その行動の裏側にある「想い」を見つけることです。

その人のその行動には、必ずその人の価値観が潜んでいます。何を大事にしているのか、なぜその行動を起こしているのか、その行動の裏側にあるその人の「想い」を汲み取ってあげられるか、など目に見えていない部分の価値まで見つけて、ほめ言葉として伝えられる。

目に見えていない部分まで見てもらえると、この人はこんなところまで見てくれているという安心感や尊敬の気持ちが集まります。そんな広い視野を持ったリーダーになっていただきたいと思います。

SECTION 02

相手との心の距離を縮めるテクニック

あなたがこれからチームを作っていく時に、スタッフのメンバーと心を通わせていくためには、心の距離を近づけていく必要があります。そのアプローチの一つに、相手の名前を呼ぶ、というのがあります。とくに下の名前で呼ぶということが効果的です。

ただ、なかなか下の名前で呼ぶことはコンプライアンス的にNGという会社もあったり、自分にはハードルが高いという人には、まずは挨拶に名前をつけるというのもありです。「竹下さん、おはようございます」「こんにちは、竹下さん」という具合に、ただ「おはよう」、「こんにちは」、と言うだけではなく、そこに一言、「○○さん」と付け加えることで、その挨拶が、まさにその人だけに贈られたギフトに変わります。

その時には、できれば下の名前がいいですが、無理はしない。あなたが呼びやすい名前で呼んでいくのがベストです。まずは挨拶の時には名前をつける、これが親近感を沸かせるテクニックです。

名前の由来を知る

ほめる文化を定着させる研修では、自己紹介の時に必ず名前の由来を聞いて貰います。自分の名前は、親からどの様な意味でつけてもらったか、知らないという人もいるので、その時は、自分がその名前をどういう風に捉えているか？というふうに質問してグループの中で発表してもらいます。すると、「何年も同じ会社に勤めていたけど、そんな意味があったのだね。知らなかった」このように相手の名前の意味や由来を知ることで、さらにその人との仲が深まってきます。

教え子の名前エピソード

私の教え子のエピソードです。その子の名前は「えみ」、漢字は「恵美」と書きます。その名前はおばあちゃんがつけてくれた名前。「女の子は笑顔を絶やさないようにしていたら幸せが来るよ。どんな苦労も解決できて幸せを手にすることができる」という意味が込められた名前です。

本当は「笑」という字を入れたかったのだけど、字画が合わないので「恵美」となったということでした。

中学校では秋の行事に文化祭があり、その中で各クラスが競い合う合唱コンクールがあり、それに向けて練習が始まります。

恵美は合唱コンクールの女子のパートリーダーになりました。ところが男子が歌わない。もう彼女は怒って、「なんで歌わないの！ もう私はパートリーダーやめる！」と言って教室を飛び出しました。

私は彼女を追いかけて、通り一辺倒な慰めの言葉を言ったと思います。それでも彼女は泣きっぱなし。「もう私はやめます」そんな言葉を交わしている時、私の頭におばあちゃんがつけてくれた名前の由来が頭に浮かびました。

「恵美、『恵美』の名前の意味は『笑う』だったよね。『笑顔を忘れなければ苦しいことも幸せになるよ。必ずたくさんの幸せが訪れるよ』とおばあちゃんがつけてくれた名前だったよね。恵美、今、おばあちゃんがつけてくれたその名前を発揮する時じゃないの？」と伝えたのです。

するとと彼女は、泣くのをやめて、ゆっくりと顔上げて、「先生もう一回教室行ってみる」と言うと、教室に戻っていきました。

そして教室では、恵美が泣きながら、笑いながら、「男子歌ってよ！」と大きな声で叫んでいました。その年は金賞は取れませんでしたが、心に残るすばらしい合唱になりました。

研修での名前エピソード

美穂さんの名前の由来は、「美しく、人生の稲穂をたわわに実らせてほしい」とお父さんがつけてくれた名前。そのことを以前上司に話をしていたということ。それから数年経ったある時、とても重要な仕事で美穂さんがミスをして、落ち込むようなことがあったそうです。その時にその上司が言ってくれた言葉に元気をもらったという話をしてくれました。

「美穂さんの名前は『美しく、人生の稲穂をたわわに実らせてほしい』とお父さんがつけてくれた名前だったよね？　麦が稲穂をたわわに実らせるためにね、若葉が出てきた時に、人がわざわざ踏みつけるんだよ。これを麦踏みっていってね、そうやって踏んだ方が、その後、麦はしっかりと根っこを大地に張り巡らせて、強い生命力を宿らせていくんだよ。今、美穂さん苦しいよね。ただ、この苦労に負けないように、お父さんはあなたに『美穂』ってつけたのではないかな？　今、美穂さんは大地に根を張っているところだよ」という言葉をもらってとても勇気づけられた、頑張ることができた。と研修で話していただきました。

ただ、「頑張れ！」と励ますだけでもいいかもしれません。しかし、名前に込められた想いを合わせて励ますと、その人の心に届く、その人だけに向けたエールを送ることができます。

家庭訪問での名前エピソード

中学校の教員時代、家庭訪問の時に保護者から子どもたちの名前の由来を聞きました。クラスの中には、やんちゃで元気のいい、なかなか言うことを聞かない生徒が何人かいます。その生徒たちと毎日顔を合わせていると、こちらも腹が立つことがよくありました。ただ、その子たちの名前の由来を保護者から聞いたりすると、私の心が少し落ち着いてきます。

相手の名前の意味を知るというのは、相手の命の始まりを知るということです。すると、その人の行動を一歩、後押しする、そんな言葉が出てきます。

その人に勇気を与える言葉を伝えることができる。名前にはそんな力があると思います。まわりの人の名前の由来を興味を持って知っておくと心の距離が近くなります。

目の前の人としっかり心を通わせる

↓

名前の由来を知る

Point

- 名前の意味を知ることは、相手の命の始まりを知るということ。
- 名前の由来を知っていると、その人の行動を一歩後押しする言葉が出る。
- 声がけやあいさつに名前をつけ加えて言うだけで相手との心の距離がぐっと近くなる。

SECTION 03

リアクションでほめる

あなたの日ごろのリアクションに注目してみましょう。あなたはどんなリアクションをしていますか?

口下手の人に多いのは、リアクションが薄い。

嬉しいのか、喜んでいるのか、感動しているのか、どんな気持ちになっているのかが表情から読み取りづらいのです。そんな感覚があります。

なので、今回のトレーニングは、少しでいいのでリアクションを大きくしてみる!　ということに挑戦していただきたいと思います。

身振り手振りを大げさにしてみる、決して大声で伝える必要はないのです。ほんのちょっとだけリアクションを大きくする。感覚として「びっくりする」これがいいと思います。「お〜、こんなことできるんだね」「え〜、これかっこいいよね」という感じで、ちょっとびっくりするような感覚を表に出すようにする。

自分の感情が、相手に伝わるにはどうしたらいいのかを考えてください。声を出すのが苦手な人は、顔の表情を作る。「お〜」という顔で表情を作って、少し目を大きく見開くだけで、びっくりしている気持ちが相手に伝わります。「うんうん」と言いながら、二、三度大きくうなずく、という動作も気持ちが相手に伝わります。

目の前の人に、あなたが、喜んでいること、びっくりしていること、感動していることを伝えるようにしてください。無表情ではいけません。リアクションを少しずつ大きくして、感情を表に出すトレーニングを積んでいきましょう。

私のリアクションの目標は明石家さんまさんです。その中でも、さんま御殿で雛壇を仕切っている、あのリアクションは本当にすごい！　私はさんまさんからそのリアクションを勉強中です。

リアクションが嘘っぽい時は……

リアクションを少しずつ大きくしていただきたいと言いましたが、これもあまり大きすぎるとなかなか相手に伝わらなくなってきます。大きすぎるリアクションはこう言われます。

「なんだか、ほめ言葉が嘘っぽい」

ただ、いろいろほめ方を試しているあなたが、嘘っぽいと言われるぐらいの大きなリアクションができたのならば、それはある意味合格です。しかし、目指すところは自分の能力を最大限に発揮するチーム作りですので、その嘘っぽさを払拭していかなければなりません。ではどうするか……。嘘っぽいと言われたならば次の手は「リアクションを小さくする」です。

リアクションを小さくするとは、ほめ言葉が相手に聞こえるか聞こえないかぐらいの声で、「つぶやく」ということです。

部下や後輩が書類を持ってきた時に、「お〜いいね〜!」と大きく言うのではなくて、ぼそっと「いいな」とつぶやく。これは、相手に聞こえるか聞こえないか、その微妙な大きさで、ぼそっとつぶやくことがポイントです。

相手に言っているというよりは、自分に向かって言っている感じです。相手に伝えようとせずに、自分の内側の声としてつぶやいている言葉は、あなたが自分に言っていると相手は捉えます。その言葉がとても相手に響くのです。

私は、中学校の体育教員でしたので、体育の授業で実技テストをやっていました。例えばマット運動ならば開脚前転、伸膝前転、倒立前転などのテストです。

生徒が私の目の前で、種目を見せてくれた時、その生徒に聞こえるか聞こえないかの声で

「うーん、うまいな」と言って、呟きながら点数を手帳に書き込みます。その言葉が実技をやっている生徒に微かに聞こえる。するととても笑顔になり、その後の難しいマット運動の技にも積極的に取り組むようになります。

リアクションが嘘っぽいと言われた時は、リアクションを小さくするということも試してみてください。

リアクションだけでほめる

大きなリアクション、小さなリアクションの次は、リアクションだけでほめるです。どういう方法か？

嬉しかった時には、「両手でバンザイ」「ガッツポーズ！」を体で表現することです。遠くにいる仲間に、「よかった」と伝える時に頭の上で丸を作って「オッケーマーク」、両手で「グッドマーク」を高々とあげる。

言葉ではあえて伝えないで体で表現する、体で表してみる、というのも面白いやり方です。これも大きく表現しなくても結構です。顔の横に片手でグッドマーク、ただただ大きくうなずくだけでも相手に伝わります。

リアクションにはいろんな種類がある

手もちの「リアクションカード」をふやす

Point

- リアクションも立派な「ほめ」になる。
- つぶやきは、「あなたからのメッセージだ」と相手は捉える。
- 小さなリアクションは相手のやる気をひき出す1つの方法。
- 1度認められるとその後の指導がすっと入る。

教員時代の上司は、声が聞こえる距離でも私が渡した書類を見て「竹下先生」と言った後に、片手でグッドマークを出してほめてくれました。

私の心の中は、「あ〜、よかった」と安堵の気持ち。そしてその上司が私のところに書類を持って来て、「後、誤字脱字の訂正かな」とやり直しを言われるのですが、一度認められているので、そのアドバイスは素直に聞くことができるのです。おかげで私も、その上司の指示やアドバイスはいつも素直に聞くことができました。

アイコンタクトでほめる

大きな声のリアクションでほめる。小さな声でつぶやいてほめる。そして、リアクションだけでほめる。体の表現でこちらの思いを伝えることができるようになることが大事なことです。ほかに目だけでも合図を送る、アイコンタクトも方法の一つです。「見ているよ、大丈夫だよ」「ちゃんと気づいているよ」というアイコンタクトも、部下や後輩に気持ちを伝えることができます。「目は口ほどに物を言う」です。

SECTION 04

第三者を使ってほめる

三角ほめ

今、あなたは、部下や後輩を誰かに紹介する場面が来た時、その人を魅力的に紹介することができるでしょうか？　今からお伝えするこのほめテクニックは、あなたにぜひ実践してほしいほめ方です。

それは「三角ほめ」。

このほめ方で、あなたの部下全員を紹介できるようにしていただきたいのです。ありきたりなことだけでなく、その人の行動とその行動の奥にあるその人の想いを、皆さんに伝えることをしてみてください。

私は、「ほめ達！」に関係する人々とよく飲み会を開きます。ほめ達認定講師の人もいれば、ほめ達検定3級を持っている人、私の講演会を聞いたことがある人、あるいは、ただ単にほめるに興味がある人などです。いろんな人と「ほめる」をキーワードに開く飲み会ですので、はじめましての人々もたくさんいます。

その時に自己紹介はしません。招待した人が、その人を紹介するのです。

その人のお名前、お仕事、どちらに住んでいるか、ここまではごく普通ですが、その後に、その人がどんなすごいことをしてきたか、仕事への取り組みの素晴らしさや、その仕事に対してのこだわりや情熱、あるいは趣味で活動しているグループがどれだけすごい活躍をしているかなど、その人のことを知っている人がありとあらゆる角度から、その人の素晴らしいところをまわりの人に紹介してもらいます。

するとその人に、皆さんがすごく興味を持たれて、いろんな質問が出て、その人と皆さんがどんどん親しくなっていきます。

これが「三角ほめ」という方法です。その人に直接ほめ言葉を伝えるのではなくて、まわりの人がその人のいいところを紹介していきます。これは「Tアップほめ」とも言いますが、とてもその場が和やかになっていくのです。

自分ではなかなか言うことができないことを、仲のいい人が詳しく伝えてくれることによって、ほかの人がより深く興味を持っていただけます。また自分が尊敬している人の、紹介だと知れば尚更、その人のことに興味を抱いて「あの人とも友達になりたい」と自然に思うものです。

第三者ほめ

これは私が教員時代に、よく使っていたテクニックです。それは「第三者ほめ」です。思春期の子どもたちは、こちらが一生懸命ほめてもなかなか受け取ってくれない生徒も多いのです。その時にこの方法を見つけました。

例えば、部活の指導の時、いい走りをしているA君がいる。そのA君を私が直接ほめるのではなくて、別の人にほめてもらうということです。

A君の走りが良くなった時に、私がA君に「この頃、いい調子だな！」と言うのではなく、例えばA君の担任の先生にほめてもらうように頼むのです。

「〇〇先生、この頃A君の走りがすごく良くなっているのです。なのでA君に竹下先生がほめていたよって伝えてもらえますか？」

その言葉を担任の先生がA君に伝えます。

「A君この頃、走りが良くなっているらしいね、竹下先生が職員室でほめていたよ」

その経路で伝えるとA君は、その言葉を素直に受け取って喜んでくれます。

「本当ですか？　竹下先生がほめていましたか？」

「うん、ほめていたよ、この調子だったら九州大会、全国大会に行けるって、そう言っていたよ」

するとその日の練習では、A君の目が一段と輝きます。更に練習に対する意識が上がっている。そこでもう一回、私の方から言葉を被せます。

「A君、いい走りになっているぞ、全国大会に行こう！」

私が直接ほめても構いません。それももちろん大切なことです。ただ、思春期の子どもたちや、ちょっと斜に構える傾向がある人には、直接伝えるよりも人を介して伝える方がその言葉が心に届きやすくなります。

「竹下先生は、職員室でも僕のことを話題にしているのだ」

ということも嬉しさのポイントの一つになります。

そしてこの方法のメリットがもう一つあります。それは、そのA君と担任の先生との関係も良くなります。私がA君に伝えて、A君と私の関係も良くなる、そしてA君と担任の先生との関係も良くなるのです。これをあなたのチームで応用してほしいのです。

あなたがAさんの良さをB主任に伝えてもらう。するとAさんとB主任の関係も良くなっていきます。そうするとチームの雰囲気がどんどん良くなってきます。

そうやっていろんな人に手伝ってもらって、チームの中でいいところ、成長したところを言い合うような環境を作り上げていく。これもリーダーの役割だと思います。

幻の第三者ほめ

この第三者ほめには、もう一つの方法があります。それは、幻の第三者ほめ。

「○○さんて、優しいって言われませんか？」

「○○さんて、お洒落って言われますよね？」

というふうに幻の第三者を決めて、その幻の第三者があたかもそう言っているように伝えてあげる。本当は自分の考えなのだけれども、まわりのたくさんの人もきっとそう思っていますよという言い方は心に響きます。

幻の第三者を登場させて、その言葉をあえて間接的に伝えていく、この幻の第三者ほめもオススメです。

ほめ言葉を直接伝えるのもいいけれど…

相手がうけとりやすいほめ方

三角ほめ

仲の良い人がその人のいいところを他の人に伝える。魅力をイヤミなく伝えられる。

第三者ほめ

あえて他の人を介してその人のよさや成長を伝える。ほめられる側がほめ言葉をうけとりやすい。

幻の第三者ほめ

他の多くの人もそう言っているかのように、すばらしさを間接的に伝える。相手にひびきやすい。

SECTION 05

頑張り、こだわりはほめる宝箱

私は研修で「上司からどんなところをほめてもらいたいですか？」と質問します。

その答えで、多いものがこれです。

「自分が頑張っているところをほめてもらいたい」

そして答えていただいた人に、どんな頑張りをほめてもらいたいか聞いたところ、「仕事の中で、得意なものを頑張っているというよりも、どちらかというと苦手な部分を少しでもできるように頑張っているところがある。その苦手な部分っていうのは、まわりから見るとできていないと思われがち。ただ少しでも仕事の幅を広げよう。あるいはみんなに迷惑をかけないようにしよう。できないところをできるようにしようと思って頑張っているので、そこをほめてもらいたいです」ということでした。

他人軸より時間軸

まわりから見ると、「頑張っている時」というのは、できていない部分をやっているので、遅い、出来が悪いと見られがちです。ただそれは、自分ができないことを少しでもできるようにしようと挑戦していることなので、その努力を認めて欲しい。ということでした。

その努力を否定されると、「新しいことに挑戦するのはやめよう」「今、自分が得意なことだけやっていこう」と思うようになります。ですから、やろうとしている、挑戦している、その意欲を認める、人と比べる他人軸ではなくてその人の過去と比べる時間軸で言葉をかけてあげるようにしていただきたいと思います。

「昨日よりもスピードが早くなった」「ここの部分が先週より良くなっている」というふうに、その人の時間軸で言葉をかけてあげるとその言葉が相手に伝わりやすくなります。

どんなプロでも最初は素人。

最初はなかなかうまくいきません。あまり急かすことを言っては部下や後輩が萎縮してしまいます。その人のリズムやその人の成長が少しでも加速していくように私たちが見守って声をかけていくことが大切です。

理想を基準にすると引き算で言葉をかけてしまいます。時間を基準にすると足し算で声をかける回数が増えてきます。

昨日より今日、今日より明日、どんなところがよくなったか、できるようになったかを時間軸で言葉をかけていただきたいと思います。その人が頑張っているところ、成長しているところを見つけて声をかけてください。

頑張りをほめるには観察力

頑張りをほめるには観察力が必要です。

人はその時その時で、やる気の波が変わります。週の波もあるし、その日一日にも波がある。その頑張りの様子というのは見ていないとわからない、気づかない。さっきと雰囲気が変わった。目つきがちょっと鋭くなった、集中力が上がった、という時にはいいタイミングを見計らって声をかけてもらいたいのです。その時すぐにではなくてもいいので、その様子をしばらく見て、「いい感じになっているね」「いい雰囲気になった」というような言葉でかまわないと思います。見てくれているという安心感を与えることが大事なことです。

そういう観察をしていると、ちょっと目が曇っている時には、「どうした?」と声をかけることもできます。とくに新人の社員たちは気を張って仕事をしています。何か頑張らなきゃという気持ちを持っているものです。そして困った時にはなかなか聞きづらいこともあります。その様子を察知して、「何か困っている?」と、こちらからさりげなく声をかけていくと、心の距離が一歩近づきます。その観察力を磨いて、そのチャンスを見逃さないようにしてください。

こだわりはほめる合図

観察をしていくと頑張りも見えてきますが、何かその人の特徴のようなものがあるのも気がついてきます。色であったり、飲み物であったり、あるいは持ち物であったり、その人が何らかのこだわりを持っていることが必ずあります。それをちょっと気に留めておくことが必要です。

こだわりを見つけたら、「○○さんっていつもコーヒーは○○を飲んでいるね。あれおいしいの?」「いつも使っているあの色はラッキーカラーですか?」と、質問してもいいと思います。こだわっていることを聞かれると、つい説明したくなってくる。

そのこだわりにはその人なりの理由があります。過去の体験、これを持っていた時にいいことがあった。スポーツ選手であるならば試合で勝った時のその服装をしている、あるいはその靴下を履いているとか、朝同じものを食べるとか、いろんなこだわりがあります。その人のこだわりにはその人の想いが込められています。

そのこだわりに気づいて、質問してみてください。いつも以上にその人と会話が弾んできます。相手の負担にならないような、こだわりに準じたプレゼントをさりげなくすることもいいアプローチになります。

付箋やメモでねぎらう

言葉リアクションも相手に伝わりますが、文字で伝えられると、また違った喜びがあります。部下や後輩にメモや付箋で感謝やねぎらいの言葉を伝えてください。

例えば、差し入れにメモでほめ言葉を添えて渡してみる。そのほんのちょっとしたメモの言葉が疲れている心には染み込んできます。その気遣いに、「ありがたい」という気持ちになる。そして、また頑張ろうという気持ちが湧き上がってきたのを覚えています。そして今度は、その先輩が困っているような時には、「役に立ちたい！」という気持ちになってきます。

SECTION 06

上手に使うと効果が倍増する言葉

「いつも」と「たまに」

あなたが部下や後輩にちょっとした小言を言う時、注意する時、どんな言葉を使っていますか？　こんな言葉を小言の前につけていませんか？

それは「いつも」です。

時間に遅れた部下や後輩に、「あなたは、いつも！　遅刻するよね」と、失敗した時、できなかった時に、「いつも」を頭につけて言っていることがないでしょうか？　そういう人に限って、その部下が何かいいことをしたら「たまに、いいことするよな」と伝える。

そうではなくて、逆に使ってもらいたいのです。

いいことをした時に「いつも」、失敗した時に「たまに」を使っていただきたいのです。

「いつも、早く集合しているね」「いつも、机が整理整頓できているね」

そして、注意をする時には「たまに」を使ってください。

「たまに、遅くなる時があるね」「たまに、誤字脱字があるね」

中学校の教員時代、生徒と言い合いになることがありました。

「お前は、いつも、遅刻するよな」

私が遅刻してきた生徒にそう言うと、その生徒が言い返してきました。

「今週はまだ三回しかしてないし」

「いや、それ、いつもだろう！」

そんな言い合いでした。

私と生徒の感覚の違いです。言われる側の気持ちとしても、「いつも遅れる」と言われると「いつもじゃねえし」という気持ちになって気分が悪い。そうではなく、「たまに遅れるよね」って言われると「改善しようかな」「改善しなきゃな」という気持ちになるものです。

いいことは「いつも」、改善してもらいたいことは「たまに」で伝えてください。

「たまたま」を見逃さない

そしてもう一つ付け加えるならば、「たまたま」部下や後輩ができたことを、ほめるようにしてください。私たちは10回中1回できたことをなかなかほめません。どうしても、「もっとできるようになったらほめよう！」と思ってしまいがち。実は、その「たまたま」できた瞬間が重要なポイントです。

「たまたま」できた瞬間に、あなたからの良いフィードバックをもらうと、成功に対しての反復性、再現性が出てきます。できたところを、「今の動きよかった」「今の言葉いいよ」というふうに、できた瞬間を見逃さずに言葉を伝えていくというのが大事なことです。

たまたまできた時も見逃さずにそれに声をかけてあげること。その頻度が上がってきたら、「いつもできるようになったよな」と言葉を付け加えてあげる。そして、うまくいかない時があった時は「たまに、できない時があるよな」というふうに言葉をかけてあげてください。「いつも」と「たまに」を上手に使って、「たまたま」も見逃さずにほめてください。

SECTION 07

「ほめる」と「叱る」のバランス

ここでは「ほめる」と「叱る」のバランスを考えてみましょう。

ほめるばかりを意識してきましたが、叱ることも大事なことです。ほめ達の「ほめる」は叱らないことではないので、叱ることを否定しているわけではありません。

しかし、そのバランスが難しいと感じているリーダーも少なくないと思います。「ほめる」と「叱る」のバランスはどうしたらいいのか？　と悩んでいるリーダーへ、私から送るアドバイスは、「その相手によって違う」です。

「ほめる」と「叱る」のバランスはとても大事なことです。しっかりとその相手の立ち位置を見極めてほめたり叱ったりするということが大切です。

では、その見極め方です。

自分に自信があって、今の仕事にやりがいを感じ、この仕事で一生頑張りたい、この先このような自分になりたい。

というはっきりした目標を持った人に対してはどんなにダメ出ししてもその人にはアドバイスに聞こえます。

ところが自信がない人もいます。

「僕はこの会社でやっていけるかな？」

「ここでみんなとこの仕事を続けていけるかな？」

こんなふうに不安に思って仕事をしている人もいます。その人に対して、「会社は厳しいところだということを最初に教えておかないといけない」と厳しく接すると、「あ〜この会社ブラックだ」「これってパワハラだ」と辞めていってしまいます。

「今日はここがよかったな」「お客様と落ち着いて、目線を合わせてお話しすることができたね」というふうに、まずできているところを伝えて、心の構えを作ってあげる。その後に「あとひとつ惜しいのが、まだ言葉遣いが学生のようになる時があるよね。それを丁寧な言葉で話かけられるようになったらもっとお客様から信頼を得ることができるよ」というふうに伝えてあげる。「今でもいい仕事をしているけれど、これをするともっと良くなる」というふうに伝えてあげると、「よし頑張ってみよう！」という気持ちになっていきます。どちらかというと若い人は自信がない人が多いので、まずはいいところを先に伝えてあげるほうが賢明です。

サッカー三浦知良選手の例

自信のある人の例えで言うならば、サッカーのキングカズこと、三浦知良選手です。

三浦知良選手の有名なエピソード。高校一年の時に先生に言った一言。

「先生、僕はブラジルに留学したいです。ブラジルに行ってサッカーのプロ選手になりたいのです」と言った時に、先生が「お前がブラジルに行ってプロになる？　お前がブラジルに行ってプロになるのは、99％無理だよ」と伝えます。するとカズは何と返事をしたか？「1％可能性があるのですね？　私はその1％にかけます」と言ってブラジルに行って本当にプロになりました。

自分が、そこで何を、どのようにしたい！　という強い意志がしっかりしている人に対しては、こちらが辞めさせようとした言葉であっても、それが相手にアドバイスに聞こえます。

その人の心の位置に合った言葉がけをしてください。「自分はこの世界で一生やっていくのだ！」という強い意志が固まっている人については、ちょっと厳しさを織り交ぜて言葉をかけてもアドバイスに変換できる力があるのです。

ただ、そんな三浦知良選手のような人は稀です。ほとんどの若い人たちは自分に自信がない。私はここでやっていけるのかと不安を持って働いている。その人たちに対してはまずほめてあげる。

今の働きでいいよと一度認めてあげて、安心させ、言葉を受け取る心の構えができた後に、「こうした方がもっと良くなるよ」とアドバイスをしてあげる方がいいでしょう。その人の様子を見ながら、「ほめる」と「叱る」のバランスを整えて伝えてください。

基本はいつも「ほめるに軸足を置く」ということです。

軸足をほめるに置いて、ほめたり叱ったりする。これが基本ポジションです。

ほめた後の行動で、もっと良くなったことはまたほめる。叱った後に改善されたこともほめるようにして、ほめたり叱ったりのバランスを整えていただきたいと思います。

「ほめる」と「叱る」の順番は?

さて、「ほめる」と「叱る」の順番は?

この質問もよく講演会で聞かれる質問です。実はこれも、相手によって違うし、あなたのキャラクターによっても変わってきます。

ただ、それでは答えになりませんので、私の回答としては、やっぱり「ほめる」が先で、その後に「叱る」。というより、「アドバイス」をする方が賢明です。

まずできているところをほめて、この人は自分を認めてくれていると相手の心のコップを上に向けて、あなたの言葉を聞く気持ちにした後で「アドバイス」をする方が、相手に伝わります。

そのアドバイスをもらった時に、「この人は自分を成長させようとして言ってくれている」という思いを相手に与えることが大事なことです。

いきなりダメ出しから入ると、相手の心のコップが下を向いてしまいます。これは知覚的防衛といって、人間は自分に不利益な事象について目をそらしてしまう習性を持っています。だから何を言ってもその時の話は頭に入らなくなってしまうのです。

どうしても、言いたいところから言ってしまいがちですが、チームの空気を良くしようと思うのであればいい言葉を先に言ってあげる方がいいでしょう。

ツーストライク　ワンボール方式

江戸時代の思想家、二宮尊徳は「可愛くば、五つ教えて三つほめ、二つ叱って、良き人と

「ほめる」と「叱る」のバランスは?

まず「ほめる」。「ほめる」に軸足をおく

Point

・自信があり、目標がしっかりしている人は多少叱っても大丈夫だが、ふつうの若者や新人にいきなりダメ出しすると心が折れる。

・部下指導でも子育てでも「ほめる」に軸足を置いて、ほめたり叱ったりする。

・順番は「ほめる」が先。よいところを十分認めたあとなら「叱る」(というよりアドバイス)も頭に入る。

せよ」と言っています（諸説あり）。私はこの言葉にポイントが二つあると思います。

一つ目のポイントは、「先にほめる」ということです。

そして二つ目は「三つほめて、二つ叱る」ということ。ほめる数が一つ多いところです。

新入社員やまだ経験の浅い社員には、できるだけ最初は多くほめてもらいたいのですが、さすがに、ほめるところばかりではありません。どうしても注意しなければならない時もあります。そこでほめる箇所を三つ探すのはある意味大変です。そこで、次の二つのポイントを意識してみてください。
①先にほめる。
②「ほめる」を一つ多くする。
この二つのことを守って実践してみてください。ツーストライク　ワンボール方式です。言いたいことはたくさんあるのだが、その人のいいところを三つ見つけるのは結構大変、なかなかハードルが高い。

ならばツーストライクワンボール方式で、二つほめて、一つアドバイスする、これなら少しハードルが下がり、実践しやすくなってきます。ただ、「叱る」は注意するというよりもアドバイスをするように伝えることをお勧めします。

「ほめる」で挟む

そしてもう一つ、「ほめる＋アドバイス＋ほめる」という方法です。アドバイス（叱る）を「ほめる」で挟む伝え方、サンドイッチほめも効果的です。

「今、すごくいい走りになっている。この調子だと全国大会へ行けるぞ。ただ、ちょっと後輩に対しての言葉が気になる。せっかく走りで尊敬される先輩になっているから、姿や言葉でも尊敬される先輩になると、もっとかっこいいぞ」というような、アドバイス（叱る）をほめることで挟む、サンドイッチほめ、この方法も使ってみてください。

自分が言いたいことだけを相手にぶつけるのではなくて、まず相手のできているところを見つけて認めた後に、「ただ私はこういうところが納得いっていません」「ここを変えるともっと良くなる」というあなたの想いやリクエストを伝えると、相手に伝わりやすくなります。自分のことを認めてくれている人の意見は人は聞き入れやすい、受け入れようとする気持ちになるからです。

SECTION 08

「ありがとう」は感謝を伝えるほめ言葉

次にあなたに一番使ってもらいたい言葉は、「ありがとう」です。

今、目の前の部下や後輩を見てください。いろんな年齢、違う環境で育ってきた人たちが、今、あなたの目の前で働いています。

日本の人口は1億２０００万人以上。これだけいるなかでご縁があって、この仲間たちと出会っています。それはただの偶然ではなく必然です。お互いに何かを学び、成長するために出会い、誰かを幸せにし喜ばせるために働いているのだと思います。そうやって働いている仲間にぜひ感謝の言葉をかけてもらいたいのです。

「ほめる」という行動は、無理してほめると、その感情があなたの表情に現れてしまって逆効果にもなりかねません。一度「ほめる」ことを脇において、肩の力を抜いて、リラックスして、「ありがとう」を探してみるのもいいでしょう。「事実＋ありがとう」です。

「整理整頓ありがとう」

「会議の資料ありがとう」

「電話対応ありがとう」

「一緒に働いてくれてありがとう」

というように、その人の行動「事実」を見つけて、それに「ありがとう」をプラスして伝えてください。


ある会社の経営者が、私に話をしてくれました。

「竹下さん、スタッフが朝から出社して働いてくれる。こんなありがたいことはないよね」

「えっ！ それって普通じゃないですか？」

「いや私は昔、給料さえ高く払えば文句はないだろうと思って、スタッフに厳しく接していた時があった。ところがある日、会社のスタッフ10人全員が一斉に辞めてしまった。仕事は山のようにある、一人で夜も寝ないで仕事し、知り合いにも電話して頭を下げて手伝ってもらった。その時に初めてスタッフのありがたさに気が付いた。当時はありがとうなんか言ったことがなかった。給料払っているから当然だと思っていた。反省したよ。今は電話をかけないでも朝、スタッフが会社に来てくれている。働いてくれている。こんなありがたい事はないよね。スタッフあっての会社だからね」

あなたがどこを見るかによって、言葉が変わります。当たり前だと思っていたら当然「ありがとう」が出てきません。あなたの中にある当たり前のハードルを下げれば下げるほど、感謝の気持ち、「ありがとう」が溢れてきます。

そして、さらに、「ありがとう」にプラスしていただきたい言葉があります。

それは「助かりました」です。これは私の教員時代の元同僚Nさんの実践です。

「手伝ってくれて本当にありがとう。助かりました」「資料の準備をありがとう。助かります」というふうに「事実＋ありがとう」にプラスして「助かりました」「助かります」を付け加えると、その場がなんとも言えない温かい雰囲気になるそうです。

まだ、ほめるのが難しいと感じている人、あるいはほめにくい人には、「事実＋ありがとう」にさらにプラスして「助かります」「助かりました」を付け加えて伝えてみてください。感謝の気持ちがより深く相手に届きますよ。

未来を見せる

「事実＋ありがとう」を伝えることができたなら、今度は、その事実から未来を見せてあげましょう。あなたのその位置がどこまで来ていて、そして、これからどれだけ成長しようとしているのかを伝えてもらいたいのです。

例えば、部活動でいうならば、一年生に、「あなたは、今、懸垂逆上がり2回だよね。あの県チャンピオンの先輩は、同じ時期に5回できていたよ」と伝えるのです。たったそれを伝えるだけで、その一年生は5回を目指して必死になって練習に取り組みます。

今、自分ができていることが将来のどこにつながっているかということを見せてあげるとモチベーションが上がります。「やれ」ではなくて「見せてあげる」ことで、自分の中のスイッチが入ります。数字で表せるものがあると一番伝えやすいのですが、それがなければ感覚で話すのもありです。

「あの先輩も入社した時は、こうだったよ。今あなたはその一歩手前まできている。この調子ならここまでいけるぞ」という具合でもいいのです。

「先輩の頭の中の私は、一年後、そこまでいっていると想像しているんだな」と感じさせることです。その人が手が届きそうな、イメージできる未来、その人の肯定的な未来を見せてあげてもらいたいと思います。

CHAPTER

04

ただほめればいいという訳じゃない

SECTION 01

「ほめる」は良薬にも毒にもなる

「ほめる」ことは危険な面も持ち合わせています。私は、「ほめる」ことは包丁やナイフと同じだと思っています。あるいは火や炎とも同じだと思っています。

あなたは、包丁やナイフを使って誰かを喜ばせたり、感動の涙を流させるような料理を作ることができます。ところが、その包丁やナイフの使い方を間違うと自分自身が怪我をしたり、相手を傷つけることもある。

火や炎でも同じように例えることができます。火や炎は、寒い時に人を優しく温めることができます。あるいはキャンプファイヤーの時のように、たくさんの薪を燃やして、その火を取り囲んで、みんなの気持ちを高揚させたり、士気を高めることもできます。

ところが、その火や炎の扱いを取り違えると、自分自身が火傷をしたり、あるいは火事になってすべてを燃やし尽くしてしまう、そういう危険性も持っています。

「ほめる」ことも同じです。

「ほめる」ことは、人の心を優しく包んで、じんわりと温めることもできる。あるいは、あなたのほめ言葉で部下や後輩のモチベーションを高め、燃えるようなやる気を奮い立たせることもできる。

ところが、使い方を間違ったために、相手を傷つけたり、嫌な思いにさせたり、あるいはあなた自身が傷つくこともある。そんな危険な部分も持ち合わせているのが「ほめる」なのです。

ある飲食店店長の失敗

ある飲食チェーン店で店長さんを集めた研修会でこういうことがありました。

月に一回の研修会の中で、「ほめ報告」をしていただきます。これは、研修と研修の間、一ヶ月で「誰かをほめてくる」という宿題です。店舗やご家庭で意識してほめる実践をしてもらい、一ヶ月後の研修会で皆さんにシェアするという取り組みです。

この宿題で、A店長がこういう報告をしてくださいました。

「この〝ほめ達〟研修のおかげで、職場のスタッフを、だんだんほめられるようになりました。ところが先日、家で失敗しました。妻が髪を切ったことに気づかなくて、「あなた、私、先週髪を切ったんだけど、全然気が付かないよね」と、すごい嫌味を言われたのです。それから取り繕うようなほめ言葉を言ったのだけど、全然伝わりませんでした。お店ではスタッフのいいところを見つけてほめようと意識していたのに、家では気が抜けてほめることができませんでした。これからは、とくに家でほめるようにしていきたいです。みなさんも女性の変化に少しでも気づいたら、すぐに伝えた方がいいですよ」という報告をしてくれました。ほかの店長さんも「うん、うん」と苦笑いをしながら、頷きながら、聞いていました。

その次の月、その話を聞いたB店長さんが、またこういう報告をしてくれました。

「A店長さんの話を聞いて、女性の変化には気をつけようと思っていたその時、アルバイトの女の子が髪をバッサリと切ってやってきた。お～これはまさにチャンスと思って、『○○さん、髪を切ったんだね。かわいいね～』と伝えたのです。よしよし、ちゃんと気づいたぞ。と自己満足に浸りながら働いていると、その後にベテランパートの女性から、『店長、あのアルバイトの女の子に何か言った?』と聞かれて、私は『いや、何も……。あっ、そういえば、髪を切ってきたから、かわいいね、って言ったんだよ』と言うと、パートの女性が、『あ、それだわ。バックヤードでアルバイトが集まって、店長から可愛いって言われた、キモっ～て』言ってたわよと教えてもらったのです。失敗しました」という報告をしていただきました。

あなたは、そういうことはないと思いますが、B店長は女性の変化のチャンスを逃すまいと、そこに意識が集中したばっかりに、「かわいい」という言葉を、つい使ってしまったらしいのです。

この事例を研修の時にお伝えすると、女性の皆さんには大変、共感していただけます。ところが男性は皆、複雑な表情をします。女性にはよくわかる事例のようです。

「かわいい」という言葉は危険です。セクハラの部類に入る言葉でしょう。

B店長さんも普段は使わない言葉だったらしいのですが、つい使ってしまったのです。では、「髪を切った時に何と言われるならいいですか？」と女性に聞くと、一番多い答えはこれです。

「○○さん髪、切ったんだね」

これだけでいいそうです。感想はいらない。事実を伝えるだけでいい。気づくだけでいいということです。

二番目に多い答えが、「○○さん髪、切ったの？　似合ってるね」だそうです。「似合ってるね」までは許せるという意見が多かったです。

ただ、これもいろんなご意見があって、「似合ってるね」も嫌だという人もいるし、「かわいいと言われたい」という人もいらっしゃるのも事実です。

要するにそれまでの、その人とその人の関係によって言われたい言葉が違ってくる。それまでの心の距離の問題が一番大きいということですね。

良薬にも毒にもなるほめ言葉

「ほめる」ことは、目の前の人を笑顔にしたり勇気づけたりすることができる。ところが使い方を間違えると、相手を傷つけたり、自分が傷つくこともある。危険なこともあると知った上で使っていく、これが大事なことなのです。

危険な面もあるし、いい面もある。良薬にもなるし毒にもなる。だから学びが必要なのです。

危険だから包丁を使わない、火を使わないということではなくて、しっかりと、危険な部分もあるのだということを理解した上で、丁寧に使っていただきたいと思います。これが大事なことなのです。

私が企業の研修に行った時に、ある店長さんが不意に言った言葉が気になりました。

「今日は、ほめる研修か〜。とにかく、ほめればいいんだろう?」

「ほめる」ことは包丁や火と同じとお伝えしました。もしリーダーが、その言葉と同じように「道具」を乱暴に使ったらどうなるでしょうか？

「包丁？　包丁は切ればいいんでしょ？」

「火？　火は燃やせばいいんだよ！」

そうやって乱暴に扱うリーダーに、その道具を任せられるでしょうか？

この人に任せて、本当に大丈夫かな？　なんか失敗するのじゃないかな？　傷つけられたりするんじゃないかな？　そんな不安な気持ちになってきます。

これは終わりのない学びであり、あなたが、一生注意しながら使っていかなければならないものであると思います。良薬となった経験もある、そして毒になった苦い経験もある、そんなあなたが使うほめ言葉だからこそ、その言葉が相手に伝わっていくのです。

SECTION
02

人を変えることはできない

あなたが部下や後輩をほめたのに、喜ばなかった。あるいは、そのほめ言葉が相手に伝わってないように感じたことはないでしょうか？　その時、あなたの心の中にこのような感情がありませんでしたか？

「この人に変わってもらいたい！」
「もっと仕事ができるようになってもらいたい！」
「もっと早くできるようになってもらいたい！」

このような感情があればあるほど、あなたのほめ言葉が伝わりにくくなります。

「人は指示、命令には従いたくない」ものなのです。

○を◎にするイメージで

学校での講演会が終わった後に、保護者の人から「息子の部活の先生が昔ながらのダメ出しの先生でいつも怒鳴ってばかりでまったく子どもたちをほめてくれません。その先生にこの話を聞かせたいので、今度この講演に誘います」と言われることがあります。

ただ、その部活の先生が講演会に来るかどうかは疑問です。恐らく来ないでしょう。

「先生、今度ほめる達人の講演会があるから、行きませんか？」とパンフレットを渡された時、その先生がどう思うか？

「私が、ほめていないと言いたいのですか？　私は私の考えで指導しています。そんな講演会に行かなくても大丈夫です。私は私のやり方がありますから」と心を硬く閉ざしてしまって、逆に「私はこの指導で結果を出す」と自分の考えをより強固にする可能性があります。

これは、「あなたはできてないから、これを学びなさい」とダメ出しをされているのと同じです。いきなりダメ出しをされても人は行動に移しません。移したくないのです。

では、どうすればいいのか？

まずは、あなたが先生を「変えようとしない」ことです。その思いをできるだけ無くしてください。まったくゼロにするのは難しいことですが、私たちは部下や後輩に変わってもらいたい、もっと良くなってもらいたいと思う気持ちは必ずあります。ただ、イメージを変えるだけでもいいのです。✕を◯にするのではなくて、◯を◎にするイメージです。今もいいけれど、こうしたらもっとよくなりますよ、というイメージ。するとそう言われた人は、あなたが自分の応援団だと感じます。自分を応援してくれる人のアドバイスは受け入れやすくなるでしょう。まずは、その先生のいいところをどんどんほめる、感謝する。そして信頼関係が整い、心の距離が近づいてからお知らせすることがいいでしょう。

付け加えるイメージで

私は講演会の最初に必ず、「私は皆さんを変えようとしているわけではありません」とお伝えします。第一章にも書きましたが、「今、皆さんが、コミュニケーション能力を10個持っているとするならば、11個目の引き出しとして、今日お話しする『ほめる』を『付け加えてもらいたい』」と言うのです。

この「ほめる」をあなたの引き出しに加えることで、今まであなたが使っていたコミュニケーション能力が、より深く、より味わい深いものになっていきます。

「今のあなたも素晴らしい。これを加えたら、さらにもっと素晴らしくなりますよ」

このような伝え方、勧め方はとても心に響きやすいのです。

背中をそっと押してあげるイメージで

あなたの部下や後輩に対してあなたがとるべき行動は、変えようとするというよりもむしろ、少し背中をそっと押してあげるイメージです。

自転車が乗れるように練習をしているイメージ。相手の背中を押しながら、相手にペダルを漕がせ、こちらがそっと背中を押す、するといつの間にか一人で乗れるようになっていく。あなたは、「大丈夫だよ」「見守っているよ」「いつも支えているよ」「側にいるよ」という思いや、言葉を発していきながら後からついていく。本人は支えられている、こけそうな時は支えてくれる、という安心感から自信を持ってペダルを踏むことができるのです。

人を変えるのは難しいのです。人は変えられない、人には影響を与えることしかできない、ということをまずあなたが知っていることが大事なことです。必ずできると信じて、支えて見守ってあげるからこそ目の前の人が大きく成長していくのです。

満天の星空をほめる！　イメージで

私が普段の生活で目指している、最高のほめ言葉の表現方法があります。それはこんな言

背中をそっと押すイメージで

⬇

変えようではなく同じ方向を向いて

Point

- 人を変えることはできない。人には影響を与えることしかできない。
- ×➡○にするのではなく
  ○➡◎にするイメージで。
- リーダーは感動体質になり、心が動かされたことをどんどん表現する。

葉です。満天の星空を見た時に、つい出てしまう言葉。

「うわ〜きれいだなぁ」

つい心から出てしまうこの言葉こそが、最高のほめ言葉だと私は思っています。

私が住んでいる大分県に津久見市という街があります。この街は魚がよく捕れ、魚の美味しい港町です。私はよくこの町に釣りに行きます。磯に渡って夜通し釣りをすることもあるのですが、釣りの合間にふっと夜空を見上げると、こんなに星が輝いているのか！　とびっくりするような星の輝きです。その満天の星の輝きを見た時に、自然に心からこの言葉が湧き出てきます。

「うわ〜きれいだなぁ」

この、つい出てしまった言葉は、星にもっと輝いてもらおうと思って言った言葉ではないのです。あまりにもきれいで、つい言ってしまった言葉。これが最高のほめ言葉だと私は思っています。私はそんなほめ言葉を普段から使いたいのです。そのために必要なことは感動体質になること。どんな些細なことにもすごく感動する。心が揺さぶられる。きれいな景色、美味しい料理、誰かの行動や思いやりに、心を揺さぶられて感動する。ありがたいなぁと感じる。そんな心をリーダーのあなたには持っていただきたいのです。

SECTION 03

とった行動に失敗はない

第三章では、部下や後輩をほめた時に、彼らの表情から、「この言葉は伝わっている」とか「この言葉は伝わってない」など、いろんな信号を受け取ったと思います。

実は、その相手からの信号を受け取ることがとても重要なことなのです。喜んでくれたりくれなかったり、受け取ってくれたりくれなかったり、それは実際、あなたが「ほめ言葉」を使ってみないとわからなかったことです。実際にその人に言ってみないとその反応は返ってこない。だからまずは言ってみる。

部下や後輩の「ここが素晴らしい」と思ったことがあれば、勇気を出してそれを伝え、その反応を感じるということを実践していただきました。

うまく行かなかった経験は宝物

ここで大事なことは、「これは言っちゃまずかった」とか「これは気をつけないといけないな」など、そんな情報を多く集めることです。「この言葉は伝わりにくい」「相手が納得しにくい」という言葉に気づいておく。すると、こう思い始めます。「もっとうまく伝えるにはどうすればいいかな？」と。その後に、「じゃあ、次はこういうふうに言ってみよう」とアイデアが浮かんでくるのです。そしてうまくいかなかった経験があるから、次のアイデアが生まれてくるのです。


「○○さん、今日のネクタイいいね～」

「えっ、いつもは変ですか？」

「○○さん、スーツかっこいいですね～」

「スーツ「も」でしょ？」

すべてが学びで、経験です。


ある人から「竹下さん、私って真面目そうに見えますか？」と聞かれました。どうしたのか聞いてみると、先日、会社の仲間と飲みに行った時に、後輩から「○○さんって真面目ですね」と言われたらしいのです。その後輩は、ほめ言葉として言ってくれたようなのですが、面白くない人という意味に聞こえて、落ち込んだ。ということでした。

知識を知恵に変える

このような経験から人をほめる時は、「いつも」いいけど、今日は「なおさら」いいよね。と伝えることが大事だと気づきます。「真面目ですね」という言葉は、言われた人はあまり嬉しい気持ちがしない時があると知るのです。

自分が相手に言ってしまったことや、言われてテンションが下がったこと、その経験がすべてあなたの武器になっていきます。ちょっとした単語、一言にあなたの普段の思いが表れます。その些細な一言が、とても重大な印象を与えてしまうのです。

いいところをほめたら部下がやる気を出す。これはただの知識です。第三章で、ほめる実践をしていただいたあなたは、その知識をいい経験苦い経験を通して知恵に変えていったはずです。この知恵の多さが、あなたのコミュニケーション力をより深めていき、すべてがあなたの財産となるのです。

リーダーのあなたは、そのことに気をつけながら、今この人には、「どんな言葉をかければいいかな？」あるいは、「どこをほめればスイッチが入るかな？」ということを考え、意識しながら目の前の人に伝えていただきたいのです。

反省するけど落ち込まない

私はこの経験を繰り返しながら、たくさんの学びを得ています。

各自が自分の能力を最大限に発揮するチームを作っていくには、この学びが必要なのです。

失敗を恐れて何も言わないということではなくて、すべてが自分の血となり肉となると思って、どんどん部下や後輩の素晴らしいところを言ってもらいたいのです。

もしうまくいかない時があったとしても落ち込む必要はありません。

折れない心をつくるには、反省するけど落ち込まない。

行動して課題が見つかったならば、それは大きなヒントやチャンスを手に入れたということです。落ち込む必要はありません。その経験を生かして次の行動に勇気を出して踏み出していくことで、よりあなたの言葉に説得力が生まれます。落ち込むより、その経験をより多く集めてください。反省しても落ち込まず、次の一歩を踏み出していきましょう。

SECTION 04

受け取り上手はほめ上手

あなたは、まわりの人からほめられた時、どのような反応をしていますか？

どんなリアクションでしょうか？　大きなリアクション？　それとも反応が薄い？

ほめられた時のあなたの反応はとても重要なのです。「ほめる」というのは、伝える側がほめる側と思っている人が多いのですが、実は、ほめ言葉を受け取る側、受け取り上手な人もほめる達人なのです。第三章で、リアクションを大きくしてほめましょう！　とお伝えしましたが、ほめ言葉を受け取る時もリアクションを大きくすることが大切です。

あなたが部下や後輩をほめた時、その言葉をなかなか受け取らなかった人がいたと思います。その時にあなたは、どう思いましたか？

「せっかくほめたのに、なぜ受け取ってくれないのだろう？」

「もっと喜んでくれたらいいのに」

と、少し残念な気持ちになったのではないでしょうか？

では、あなた自身はどうでしょうか？

あなたが、まわりの人からほめられた時、しっかりと喜びを表現しているでしょうか？

せっかくほめてくれたのに
「いやいや、そんなことないよ」

「いやいや、まだまだ全然ダメだよ」

中には、「そんなこと言っても何も出ないよ」と相手のほめ言葉を何か企みがあるかのように、疑ったり、否定してしまったり、あるいは、まったく相手の言葉を受け取らなかったり、そんな態度を相手に返していることはないでしょうか？

ギフトを受け取る

言葉はギフトです。相手からのプレゼント。第三章でも少し触れましたが、今度はそのギフトを受け取る側でイメージしてください。

「竹下さん、かっこいいですよね」と言ってもらえた時に、「うわ～嬉しいな～、その言葉で、また今週も頑張れます。ありがとうございます」と伝える。そうやって喜んで、しっかりとその言葉を大切に受け取る。するとプレゼントした人もとても笑顔になってくれます。

「私のいいところを見つけてくれて、心で思ったこと、感じたことを、素敵な言葉でプレゼントして伝えてくれた。そのことが私はとっても嬉しいです。ありがとうございます」

というふうに、ほめ言葉を届けてくれたことに対して感謝の気持ちを伝える。

あなたは、そのほめ言葉を素直に受け取ることで、プレゼントしてくれた相手に喜んでもらうことができます。これは、「ほめる文化をチームに定着させる」ためにはとても重要なことなのです。

ほめ言葉を言う習慣と、ほめ言葉を受け取る習慣がチームに定着していくと、ほめ言葉が血液のように循環しはじめます。その流れがスタッフの心の栄養となって、チームが活性化していくのです。まずあなたが率先して、ほめ言葉を受け取っていく存在になり、その流れに加速をつけていただきたいと思います。

受け取り上手の社長さんのエピソード

ある会社の60人ほどの研修で、一班6人ずつで、10組作ってもらい、班の中でお互いをほめ合うワークをしました。

社長さんの班は、新入社員も含めた若い人ばかりの男女6人の班。私としては、若い人たちが萎縮しないか、ちょっぴり心配な気持ちで見守っていました。ところが、その社長さんの言葉がとてもその後の班活動を盛り上げてくれたのです。

新入社員の男性が、「社長の朝礼の言葉がいつも心に響きます」と伝えると、社長さんは「うわ〜、マジで？ いつも何を話そうか悩んでいるから、そう言ってもらったら嬉しいなあ、ありがとう」と言って、新入社員の男性と握手を交わしてました。

次は女性社員が「社長の立ち姿がいつもかっこいいと思っています」と、伝えるとまた「わ〜、それ嬉しい！ いや〜姿勢は気をつけていたから、そこに気づいてもらって本当に嬉しいよ。ありがとう。そして、もう一回言ってくれる？ かっこいいってところを強調して！」と。

すると笑いが起こりました。そんな感じで、その社長さんは、一人ひとりのほめ言葉をしっかり受け止めて、また自分がその言葉でどんなに嬉しいかを感想で伝えながら、リアクションを少し大きめに喜んでいました。「皆さんに、こんな言葉を言ってもらって、今年も残り2ヶ月頑張れそうだよ。みんなありがとね」と、とても笑顔で言われていました。

若い人たち全員もとても笑顔で、その班はとても和やかな、温かい雰囲気でワークを終えました。

半年後にその社長さんとお会いしたのですが、その時に、「あのワークの後、若い人たちといろんな話ができるようになりました。ありがとうございました」という嬉しい報告もいただきました。

ほめることも相手を笑顔にさせますが、ほめ言葉を受け取ることによって、ほめている人を笑顔にさせることもできるのです。受け取り上手もほめ達です。部下や後輩があなたにほめ言葉を伝えてきたら、ぜひ心から喜んで受け取ってください。

SECTION 05

相手の心に響く言葉を選択する

あなたの考えや意見を部下や後輩に伝える時、どんな言葉で伝えていますか？　とくにあなたの考えや意見が正しい時、部下や後輩に、どんな言葉で伝えるかが重要になってきます。

私たちは、相手が間違っていて、自分が正しいと確信がある時、その事実をどや顔で相手に叩きつけることがあります。そうしてしまうと相手の心はポキンと折れてしまい、もうやる気を出してこなくなるのです。

あなたが正しい時こそ、どんな言葉で伝えるか、言葉を考える必要があります。正しいことを正しいまま伝えても相手の心に響かない。あなたの正しい考えをどのような言葉で伝えれば相手は納得し、心で受け止めることができるのか？　相手の心に響く言葉を選択する必要があるのです。

和菓子屋さんの師匠と弟子のエピソード

ある番組の中で紹介された和菓子屋さんのエピソードです。

お団子を作っている弟子に向かって師匠が「早くやって、硬くなっちゃうから」と、言います。この言葉は師匠が正しい。和菓子屋さん、お団子屋さんだから早く作らないと硬くなって商品にならない。だから早くやって！　と師匠は言う。ところがその時の弟子の顔は暗い顔となります。

「自分は一生懸命やっている、早くしなければとわかっているけど、うまくいかない……」

そんな弟子の表情です。

その後に、ほめ達の西村理事長が師匠にアドバイスをします。

「弟子のできているところ、今頑張っているところを見つけて感謝を伝えてください」

そのアドバイスをもらった師匠は、その後、弟子のできているところ二カ所をほめました。

そして続けて、弟子の作ったお団子を見て、「これ上手だね」と、できのいいお団子を指差して言いました。そしてその後、「白い生地にあんこがつきやすいんだけど、ついてないところはいいよね」と続けます。

弟子はその言葉をもらって、「ありがとうございます」と笑顔が出てきました。そしてその後、師匠が言った言葉が素晴らしかった。

「欲を言えばスピードだよね」

同じ「早くして！」というニュアンスの言葉ですが、言われた側の受け取り方は大きく違う。「いいお団子ができはじめた。これを早く作れたら、もっとよくなるぞ！」という言い方です。この言葉をもらった弟子は、満面の笑顔で「はい」と答えます。

ちょっとした言葉の使い方を変えるだけで、相手の自主的な行動を引き出せる、そんな言葉の使い方ができる人。それが今求められているリーダーなのです。

正しいことを言う時には……

数年前に、教え子の結婚式に参加させていただきました。その結婚式の披露宴で、司会の女性が素敵な詩を読んでくれました。それは、「祝婚歌」という詩。吉野弘さんの詩で、夫婦が仲睦まじく、末永く添い遂げるためにはこうしたらいいよ。というメッセージが書かれています。その詩の中にこのような言葉がありました。

正しいことを言う時には少し控えめにするほうがいい。正しいことを言う時には相手を傷つけやすいものだと気づいているほうがいい。

私はこの言葉は、夫婦だけの言葉ではないと思っています。人間関係に必要な重要な部分が含まれていると思います。

あなたがこれまでやってきた会社での経験や学び、人生での体験、その蓄積から来る言葉は、若い人よりあなたが正しいでしょう。ただ、あなたのその正しい言葉を、目の前の人にどう伝えるかなのです。その伝え方があなたの腕の見せ所なのです。

元プロ野球監督　野村克也さんの2軍時代のエピソード

元プロ野球監督の野村克也さんの話です。野村克也さんがまだ二軍選手時代。二軍監督から言われた言葉がとても心に残っているということでした。その言葉とは、「おいちょっと野手集まれ。みんな手を見せろ。お、野村、いい豆作っているな。おい、みんな野村の手を見て拝め、これがプロの手だ」と言われたそうです。

「気分よかったね。あのほめ言葉。忘れられない。嬉しくて、毎晩バット振って、スイングを速くするとか、パワーつける目的が、手に豆を作る目的に変わってしまった。本当にマメだらけ。今までプロ野球選手、何百人、何千人いたか知らないけど、俺以上にバット振った人はいないと思う」と野村監督は言われていました。

二軍監督が選手にやってもらいたいのは、バット振って、練習して、上手になって一軍に上がってもらうことです。ですから、選手に伝える一番簡単な言葉は、「練習しろよ」「バット振れよ」これが一番簡単な言葉です。ところがこの時の二軍の監督は、その言葉「バット振れ、練習しろ」を使わずに、野村選手にバットを振らせたのです。そして、その言葉を野村克也元監督は、当時から50年近く経っても鮮明に覚えている。言葉にはそんな影響力があるのです。

人生は言葉集めの旅

あなたがどんな言葉で部下や後輩に思いや考えを伝えるかなのです。あなたはあなたの中にどんな言葉を持っていますか?

人生は言葉集めの旅です。

あなたの体はあなたが今まで食べたものでできています。

では、あなたの心は何でできているのか？

それはあなたが今まで聞いた言葉で創られるのです。

では未来は何でできるのか？

それはこれからあなたが発した言葉で創られるのです。


この言葉は、クロフネカンパニー代表の中村文昭さんに教えていただきました。

では、あなたは十年後、二十年後の未来、どんな言葉を使っているのでしょうか？　それは想像がつかないかもしれない。

ただ、一秒先のあなたの言葉は、あなた自身がコントロールできるのです。

この一秒先の言葉の積み重ねが、十年後二十年後の未来に繋がっています。チームの未来を作るこの一秒先の言葉を、あなたは意識し、集中して使っていただきたいのです。あなたの部下や後輩の心に響く、言葉集めの旅を楽しんでいただきたいと思います。

SECTION 06

ほめやすい人からほめる

あなたが部下や後輩をほめる時、ほめやすい人と、どうしてもほめにくい人、あるいはほめられない人がいると思います。今、いなかったとしても、これからほめにくい人が出てくるかもしれません。その時のアドバイスです。その時にはどうしたらいいのか？　それは、ほめやすい人からほめてください。ほめにくい人は後回しです。

講演会や研修の後に、「よし、これからほめていこう！」と決意してくださる人がたくさんいらっしゃいます。ところが、誰を頭で想像するかというと、職場や身近な人で、一番ほめにくい人を想像するようです。そして、その人を想像した瞬間に、「やっぱり無理かな」と感じてしまって「よし、これからほめよう！」という気持ちが萎えてしまいます。

いきなり、ほめにくい人からほめるのは、ややハードルが高い。はじめのうちは、この人なら自分の言葉を受け取ってくれそうだなという人を選んで、ほめ言葉をかけてください。あなたが、ほめることに抵抗を無くしていくことが重要です。抵抗がなくなって慣れてきたら少しずつほめにくい人に挑戦していきましょう。

嫌いレベルをこれ以上に上げない

なんとなく苦手、この人はほめにくいという人がいたら、その人には、あなたがほめる体験・経験を積み重ね、ほめ経験値を上げてから、挑戦していただきたいと思います。まずはすぐにできるちょっとした頼みごとをして、行動してくれたら「ありがとう」を伝えていく。そこからやってください。

もしかしたら、あなたには、「あの人嫌いだ」「どうしても好きになれない」という人がいるかもしれません。しかし、あなたはリーダーです。このチームをまとめていかなければなりません。であるなら、あなたはその人をそれ以上嫌いになってはいけません。

例えば、あなたがその人をレベル10で嫌いだとすれば、嫌いレベルを11にしないように努力することです。少しでもその人のいいところを見つけて、9あるいは8にする努力をしていくことがチームのためには必要なことです。一気に0にしてくださいと言うつもりはありません。好きになれない人、嫌いな人に、今より少し興味を持っていただくだけでいいのです。

嫌いな人がいる時に陥りやすい罠

嫌いな人がいる時に、陥りやすい罠があります。それは、人は自分が嫌いな人の、悪い情報ばかりを集めようとする傾向に陥ってしまうことです。なぜなら「自分がその人を嫌うのは当然だ！」という理由が欲しいからです。自分が嫌っていることは正しいこと、この人を嫌いになっても当たり前だ、という自分を正当化する理由が欲しいのです。ですから、普段の生活の中でその人のダメなところ、嫌なところ、できていないところを無意識に探して、自分を納得させていく。

「ほら、あんなことする人は、嫌われても仕方がない」「あれじゃあ　嫌われて当然だよね」と嫌いになる情報をたくさん集めるようになり、より一層、その人の嫌いレベルを上げていくのです。いいところは見ようとしない。見たとしても「どうせ、あれも下心があってやっているんだよ」「どうせ長く続かないよ」というように、マイナスに見てしまいます。

そうではなくて、嫌いではあるけれど、今よりは嫌いにならない見方、観察、関わりをあなたは持つ必要があります。

一旦、あなたの感情は棚上げして、ニュートラルな目でまわりを見てみる、心のレンズを磨いていくチャンスが来ていることに気づいてください。100人のリーダーがいて、99人が「あいつは使えない」と言っていてもあなただけは、「いや、私だったらここで働いてもらう」と言える、そんな観察力や人間力が、あなたには求められているのです。

嫌いな人を試しにほめてみる！

これは、私の半年講座、ほめる達人講座に通っていた、ある社長さんのお話です。「どうしても好きになれない、今までずっと嫌いだった人がいた。ただ、ほめる達人講座に通っているので、一回試しにほめてみよう、実験してみよう」と思い、ほめてみたそうです。すると、その後の態度が一変したそうです。今まで見たこともないような笑顔になって話をしてくれたということでした。その姿を見た時にその社長さんは、「私は、この人のこんな姿を見たことがなかった」「この人ってこんないい表情をするのだな」ということに気づき、その後はその人との仲がすごく友好的になっていったということでした。

ここでのポイントは、「その社長さんから行動した」ということです。その人のことが嫌いだったからずっと嫌いな態度で、よそよそしい冷たい態度で接していた。ところが、ほめる達人講座に参加し、勉強しているという事実が、心を後押しして、「よし、じゃあ試してみよう！」と一歩行動を踏み出すことができたのです。「どんなふうになるか実験してみよう」と好奇心を持って、今までやってなかった行動を試してみた。すると、こちらが思っていた以上にいい変化が起きたということなのです。

ワクワクの宝探し

「あの人嫌だな」と思っているという裏側は、その人のことをよく知らないだけかもしれません。その人のことを知れば知るほど、その人の今まで見ていなかった自然な姿が見えてくるかもしれませんし、まだ見えていない、見ようとしていなかったその人の魅力に気づくことがあるかもしれません。

嫌いな人の知らないところを知ってみる。それを探すのは、とても面白い。まるで宝探しのように探していただきたいと思います。ほかの人は知らない、あなたしか知らない宝物がそこに隠れているかもしれません。それをワクワクしながら探してみてください。

いい人、癖のある人、どんな人であっても、いつも同じような平等な目で、その人のいいところをたくさん見つけてくれる、励ましてくれる、そんなリーダーについていきたいと部下や後輩は思っているのです。

SECTION 07

「怒らない」と決めると見えてくるもの

ほめ達の「ほめる」は、「叱らないこと」ではない。

これを最初に説明しました。「叱る」ことによって、相手の価値を認めてあげることもできるからです。ですから、「叱らない」ことが「ほめる」ということとイコールではない、ということをもう一度ご理解いただきたいと思います。

ただ、今回、あなたに挑戦していただきたいことがあります。それは、あなたのコミュニケーションのアイテムの中から一旦、「怒る」「叱る」ということを手放すということをやっていただきたいのです。部下や後輩を「怒らない」「叱らない」と決めるということです。

この「怒らない」ということを会社の中で実践されている有名な社長さんがいらっしゃいます。それは株式会社レストラン・エクスプレス代表取締役社長兼ＣＥＯの江《え》見《み》朗《あきら》さん、宅配寿司の「銀のさら」を日本一にした社長さんの言葉です。江見さんの著書に「怒らない経営」という本があります。その中で江見さんは

「怒りは、大きな誤りです」
「怒りは、未熟さのバロメーター」
「怒りは、思考と時間のロス」
「怒ることに正義はありません。怒った途端、その場はマイナスのエネルギーに取り囲まれるのです。怒った本人も怒られた相手も、その瞬間から仕事の生産性は必ず落ちます。仕事にとって最も合理的な心の状態である「平常心」が崩れてしまい、まともな精神で仕事を進められなくなります」

と伝えています。

江見さんは自分自身に「怒らない」と約束をしているそうです。それがまわりに広がり、いつの間にか「怒らない社長」として世間に知られるようになったということです。

では、あなたも一度、「怒り」を封印してみましょう。あなたも自分の中で「怒らない」と決めて、生活していただきたいと思います。「怒らない」と決めて実践すると見えてくるものがあるのです。

怒ることをやめてみよう！

私も中学校の教員時代に「怒らない」実践をやった経験があります。

生徒指導という役割、立場であったため、教員時代の私はいつも生徒を怒っていました。しかし、心の中ではそんな自分の指導に疑問を持っていたのです。そしてある時、「怒ることをやめてみよう！」と決意したのです。

なかなか怒ることをやめるのは難しかったのですが、やっていくと気づいたことがあります。それは、自分の「準備力不足」です。

生徒たちを怒らなくていいように、失敗しないように、ことがスムーズに運ぶようにするにはどうしたらいいのか、それは私自身の準備が大切だということが見えてきました。

「明日の試合の集合時間と場所、言葉で伝えたけどもほんとにわかっているだろうか？」

「きちんとメモを取る時間を作ろう」

「プリントを作って配ってみよう」

「プリントの内容を理解しているか質問してみよう」

と、こちらは伝えたつもりだが、わかっていない生徒がいるのではないか？　今の自分の行動で本当に大丈夫なのか？　と自分に疑いを持つということをしました。もっと最善の方法はないかと模索するようになったのです。

足りないものに気づいたミーティング

事前の準備力が大事だということを私に、気づかせてくれた経験を一つお話しします。教員時代、陸上部のミーティングでの出来事です。

陸上競技のルールに、「コール」というものがあります。それは「私はこの試合に出ますよ」という意思を審判の人に伝えるルールのことです。

１００ｍ走、２００ｍ走、４００ｍ走などのトラックで行われる種目は、競技の30分前にそして走高跳、走幅跳、砲丸投といったフィールド競技のコール時間は50分前となっています。トラックとフィールド種目ではコール時間が違うのです（※試合によって多少の違いがあります）。

この違いから生徒たちは時間を間違え、あるいは忘れて、失格することがありました。そのことに激怒したことが何度もあります。ですので、このコール時間に遅れないということを選手には、口を酸っぱくして伝えていました。いや伝えていたつもりでした。

10月の新人戦には一年生がたくさん出場します。ですから、新人戦前のミーティングでは、コール時間に遅れないように充分話をします。

「トラック種目は30分前、フィールド種目は50分前に必ずコールに行くように」

そう伝えた時に目の前に座っていた一年生が、隣の生徒を肘でつつきながら衝撃の言葉を言いました。それは、

「ね〜、フィールドって何？」

私はその言葉を聞いて唖然としました。もう10月ですので、一年生が4月に入部して半年が経っています。ですので、彼らには何度もトラック種目、フィールド種目の説明をしてきたつもりでした。ところが一年生には伝わってなかった。それにびっくりしたのです。

「そんなこともわかってないのか！」

と、その生徒を怒鳴ろうとした瞬間、その質問を聞かれた別の一年生がこう答えたのです。

「わからん」

この時には言葉が出ませんでした。

まさにこれは私の説明不足、準備不足です。わかっていると思っていた。説明していると思っていた。もう伝わっていると勝手に思い込んでいた。ところが、私は一年生にきちんと

なぜ部下や後輩がミスをするのか？

「怒る」「叱る」を手放してみると…

トラック種目は
30分前にコール。
フィールド種目は
50分前にコール。
分かってるよな?!

Point

- 怒りは未熟さのバロメーター。
- 怒りを一度手放すと、自分の準備力不足が見えてくる。
- 部下や後輩がミスをするのは、こちらの説明不足が原因かも。

「この種目とこの種目とこの種目がフィールド種目で、この種目とこの種目とこの種目がトラック種目だよ」

と説明したことがなかったのです。私の準備力不足です。こういうことが積み重なって、生徒が時間に遅れ失格し、私が怒鳴る、叱るということを繰り返していた。これはすべて私の責任である。そこに気がついたのです。

怒鳴らなければならない、叱らなければならない、怒らなければならないという現象が起きた原因は、私の未熟さがあったということに気づきました。

あなたが伝えたことを、部下や後輩ができていない時、もしかしたら、それはあなたの準備不足が原因かもしれません。大事なことはしつこいほど相手に聞いて、質問して、確認していく必要があります。まず一度「怒る」を封印してみると、あなたの中で何か新しい発見があると思います。一度、試してみてください。

SECTION 08

事実を伝えるだけでも効果はある

どうしても、ほめることができない時があります。

「みんなはもっとやっているのだから、あなたはそれぐらいやって当然だ！」

「忙しくて、ほめるゆとりがない！」

という感情が、どうしても出てくる時があります。

そんな時に、もしほめ言葉を使うことが難しいと感じた時は、「事実だけ」を伝えてください。「すごい」とか「素晴らしい」と言う必要はないのです。「ありがとう」さえ言えない心の状態の時は、その人が行動した事実だけを伝えるだけでも構いません。

「明日の準備ができているね」「ここも掃除できているな」

これだけでいいのです。事実だけを伝えて、「気づいているよ」「ちゃんと見ているよ」という言葉を伝えるだけでも相手は、認めてもらえたという気持ちになります。

ほめられなかったママ

私の講座に半年間通っていただいた、子育て中のママ、Oさんがいました。Oさんは、「私は子どもたちに、『すごいね』とか『ありがとう』とか言えません。だって、家のことをやって当然でしょ？　やって当たり前じゃないですか？　家族で生活しているのだから！　私だけがやるのはおかしいでしょ？　だから私は子どもたちに『ありがとう』とか『すごいね』とか言えません」

ということでした。

そのOさんに、一緒の職場の女性Yさんが、こうアドバイスしてくれました。

「『ありがとう』とか『すごいね』って言えないのならば、事実だけを伝えたらいいんじゃないの？　ほめ達の『ほめる』は事実を伝えるということだから、子どもたちがやった『事実』だけを伝えるだけでいいんじゃないかな？」

と言われたそうです。

「靴を揃えたね」

「茶碗を洗ったね」

「洗濯物干したね」

という子どもたちが行動した「事実」だけを伝える。それを聞いてOさんは

「それならできるかも……」

と思ったそうです。

それからOさんは「ありがとう」「すごいね」という言葉は使わずに、ただ事実だけを見つけて伝えるようにした。すると、Oさんの心がどんどん柔らかくなってきて、子どもたちが一生懸命やろうとしていることが見えるようになってきた。そして自然にねぎらいの言葉、「ありがとね」という言葉が出てくるようになったそうです。

忙しいからほめられないのではない！

私たちは毎日、本当に忙しいです。次から次とやらなければならないことが出てきて、なかなか心のゆとりが持てません。「忙しくて心にゆとりがないから、ほめられません」と言われる人も多くいらっしゃいます。

ところが、実は逆なのです。

「ゆとりがないから、ほめられない」

ではないのです。

「ほめるから、ゆとりができる」のです。これはあなたが実践してみるとよくわかります。

忙しいけれども、その忙しさに心を流されないで部下や後輩のいいところを、顔を上げて見つけていく。いいところを見つけたら言葉に出してほめていく、認めていく、感謝を込めて「ありがとう」って伝えていく。それを繰り返していくと、あなたの心に少しずつゆとりが生まれてきます。

心に少しずつゆとりができると、さらに部下や後輩のいいところが見えてくるようになります。すると、またほめ言葉や感謝の言葉を伝えられるようになってくるのです。

ほめるところがない人はいない！

私たち、日本ほめる達人協会ではこういう言葉があります。

「ほめるところがない人はいない、ほめるところが見つけられない自分がいるだけ」

これは、ほめ達の西村理事長の言葉です。私たちはいつもこの言葉を胸に刻んで、目の前の人にほめ言葉を使っています。

「この人のいいところはどこかな？」

「この人のどこをほめればいいのかな？」

ほめ達の私でさえ、この人のどこをほめようかな？　と思う人に出会う時があります。そんな場面で私は自分に言う言葉があります。

「これは神様が私を試しているのだ」

一見ほめるところがないようなこの人を、神様から
「ほめ達のあなたなら、この人をどうほめますか？」

と尋ねられていると考えるのです。そう思って、もう一度落ち着いて考える。その人をじっくり見つめます。その人の考え方、価値観、私との共通点、いろんな角度からその人を見ていくのです。すると見えてくる。

「この人はここに納得いってないのだな」

「この人はここが嫌なんだな」

「その嫌な気持ちを私に訴えてきているのだな」

まずそれを共感するよう努力する。それは私の価値観とまったく違う時もあり、納得するまでに苦労することもあります。ただそれを一度、ぐっと受け止めるのです。

そしてその人の考えを私の心の中で充分咀嚼《そしゃく》し、少しでも共感できるところ、少しでもいいと思えるところを見つけて伝えていくようにしています。

ほめる覚悟で見える景色が変わる

すべての人をうまくほめられるかは、私も自信があるわけではありません。ただ、絶対にほめる！　いいところを見つける！　という覚悟を持って接しているだけです。

一見マイナスばかりが見えるその人にも、その心の中にこんな優しいところがある、思いやりがあるということに気づける私でいたいと思っています。

また、自分と価値観が違う人と出会えば出会うほど、私の心の幅が広がっていくことを感じています。価値観の違う人との出会いが、私の心の視野を広げ、新しい景色を見させてくれるようになるのです。

ぜひあなたも、価値観の違う人との出会いを、自分の心の視野を広げるチャンスが来ていると思って、受け入れていただきたいと思います。それがあなたの人間力を大きく広げていくことになるのです。その力こそが、自分の能力を最大限に発揮するチームのリーダーに必要な力なのです。

CHAPTER

05

スタッフもほめられるようにしよう

SECTION
01

新人スタッフのいいところを見つけさせる

魔法の言葉はないけれど、言葉に魔法はかけられる

ここからはあなたがやってきた「ほめる実践」を、スタッフ全員に拡げていきましょう。スタッフ同士で、ほめ合う組織を作っていくのです。

あなた一人がスタッフをずっとほめ続け、励まし続けるのではなくて、スタッフ同士がお互いをほめ合い、励まし合う職場にしていってください。

ここで大切なのは、これまであなたがやってきた「ほめる実践」です。あなたが経験してきた、「どうやってほめたらいいのか」「ここはどういう風に伝えたらいいのか」という苦労が、今度はすべてスタッフたちへのアドバイスに変わります。

「魔法の言葉はないけれど、言葉に魔法はかけられる」

誰にでも通用する、誰もが喜ぶ、魔法のような言葉は存在しません。ただ、目の前の人に

あなたに言われて本当に嬉しい、というあなたの「想い」という魔法をプラスして、声かけをすることができるのです。そのヒントは、これまであなたがやってきた「ほめる実践」の中にたくさんあったのです。

これからのあなたの役割は、スタッフたちの伴走役です。仲間を信じて自分の能力を最大限に発揮できるチームとは、仲間のいいところを認め、改善点はしっかり伝え合うチームです。チーム理念を達成するために、本音で話し合えるチームを作っていく。それが自走するチームにとって必要なのです。

新人スタッフのいいところを見つけよう!

まずは、若手リーダーに、新人スタッフのいいところを見つけてもらいましょう。新人スタッフですから、できていないことがたくさんあって当然です。そこもわかった上で、今できているところを見つけてもらうことが大切です。チームの中でほめ合う組織づくりをする時に、このいい情報を集めるテクニックが必要になってくるからです。

ほめる家庭訪問

私が教員時代にやっていた、生徒のいいところを集めるテクニックを皆さんに紹介します。それは、ほめる家庭訪問です。

家庭訪問というと大体、保護者の人から「先生、うちの子全然勉強しません。全然言うこと聞きません。厳しく叱ってください」など、子どもたちのできていない愚痴を聞くことが多くなりがちです。

四月の家庭訪問で、子どもたちとの関係は、まだできあがっていません。その時に、子どもたちへのマイナス面や欠点に触れるのは大変危険です。その後の関係が、とてもぎくしゃくするものになってしまいます。

保護者との信頼を築きたいという気持ちもありますが、まずは子どもたちとの信頼関係を築くことの方が大切です。それを考えた時に一番いい方法は何か？　それがほめる家庭訪問だったのです。

家庭訪問当日、私が保護者に聞くのは、「お子さんのいいところを教えてください」これだけです。

「今日は、お子さんのダメなとこ、できてないところは一切言わないでください。○○君のいいところだけを教えてください」と言って、保護者に子どもたちのいいところを言ってもらいます。

そして、必ず子どもも保護者の横に座ってもらいます。子どもの前で、お父さんやお母さんにその子のいいところを話してもらうのです。

「うちの子は、弟や妹の面倒見が良くていつも遊んでくれています」

「うちの子は、おじいちゃんおばあちゃんにいつも優しく接してくれます」

「食事の用意を手伝ってくれます」

「頼むと洗濯物を必ず干してくれます」

聞いてみるといろいろ出てきます。なかなか思い浮かばない保護者には、私の方からヒントを出します。

「お手伝いをすることはないですか？　小さかった頃のことでもいいですよ」

するといろんな出来事を思い出して話してくれます。そして最後は、この質問をします。

「お子さんが言ってくれたこと、してくれたことで、本当に嬉しかった、感動して涙が出た、というエピソードを教えてくれませんか？」と。

すると、「私の誕生日の時に手書きのお手伝い券を十枚くれたのです。それを今でも持っています」、「え〜、まだ持っているの？」という会話がその場で起こります。

「二分の一成人式の十歳の時に書いてくれた手紙にはすごく感動して涙が出ました」「自分が病気をして仕事を休んで、体が動かない時に料理を作ってくれました」というようなエピソードを話してくれたりもします。その話を親の横で、子ども達が聞いています。子ども達は、恥ずかしそうな顔をして、下を向いたり、照れたり、笑顔になったり、頬がぱっと赤くなったり、普段お父さんやお母さんから聞けない言葉をたくさん聞くのです。

それは保護者が私の質問に答えている言葉です。子ども達に直接言っているわけではない。だから保護者も言いやすいし、子どもたちも受け取りやすいのです。

最初にいいイメージを持つ

このほめる家庭訪問は、先にお伝えした、「三角ほめ」の変形型。こちらが隣にいる人のいいところを紹介するのではなくて、相手に隣の人のいいところを紹介させるのです。

私はこの家庭訪問で子どもたちのいいところをまず聞いて、その子どもに対していいイメージを持ちます。一年間学級運営する中で、当然いろんな事件や問題が起こります。その時に、「あの子はお年寄りに優しくするってお母さんが言っていたよな。こんな言葉を言ったのは何かわけがあるのではないかな？」と子ども達の行動の裏側にある想いを推察しながら指導ができるのです。

そして実際、事件や問題が起きた時に、「あなたがこういうことをしたことに、先生は驚いている。ただ家庭訪問の時にお母さんが『うちの子は小さな子どもたちの面倒見がいい』って言っていたよね。そのあなたがこういうことをするってことは、何か我慢ができないことがあったんじゃないかな？　それを話してくれないか？」というふうに聞くのです。

その人たちのいいエピソード、いい情報を自分の心の中にインプットしていると、その人の心に寄り添った言葉がかけられるようになります。

若手リーダーに直接聞いてみる

この「ほめる家庭訪問」はあなたのチームにも応用できます。若手リーダーと新人スタッフが一緒にいる場面で、「あなたからみて、○○さんの今、頑張っているところ、できているところを教えてくれるかな？」と若手リーダーに聞くのです。そして新人スタッフの近頃の頑張りをリーダーに伝えてもらいます。

「はい、○○さん頑張ってます。先日も●●ができる様になり、▲▲な取り組みもしてくれました」という風に言ってもらいます。そうやって目の前で、自分のいいところを上司に伝えてもらうと、新人スタッフと若手リーダーとの関係がとてもいい感じになります。

もちろん若手リーダーには、私が質問した時は、新人スタッフの頑張っているところ、いいところを教えて欲しい、と事前に伝えておくことは大切です。

そして、さらに「これは、新人スタッフに早く会社に慣れてもらいたいこと、仕事ができるようになってもらいたいこと、あるいは自信をつけてもらいたい、という意味でやっていること。だからあなたも、私から質問された時はすぐにいいところが答えられる様に、新人スタッフを見守っておいて欲しい！」という意味もしっかり伝えておきましょう。

その時に、新人スタッフのいいところを答えたリーダーには、「よく見ているね」とねぎらいの言葉も忘れないでください。

また三人の場面が作りにくい時は、新人スタッフがいない時に若手リーダーに直接聞いてもいいでしょう。そして若手リーダーから聞いた内容を、新人スタッフさんに、「○○さん、あなたは今、●●に頑張っているそうだね。○○先輩がほめていたよ。」と伝えるのです。するとその新人スタッフの顔は笑顔になります。

SECTION 02

先輩のいいところを見つけさせる

若手リーダーに新人スタッフをほめてもらった後は、今度は新人スタッフに、先輩のいいところを聞いてみましょう。この、ほめる、ほめられる、認める、認められる循環を作ることが大事なことです。

新人スタッフこそ学んで欲しい！

比較的小さな会社の研修では、若い人から年齢の高い人まで、いろんな年齢層の人が一緒に研修をすることになります。すると、若い人と年配の人との「ほめる」ことに対しての考えが違っていることがあります。

新入社員や若い人たちの中には、「ほめる研修って私たちには関係ないことじゃないの？だってほめるって、上司が部下にすることでしょ？　上司が学んで私たちに使うことじゃないの？　私たちはほめられる側だから、それは先輩が学んでください。私たちには関係がないことですよね」と、思う人もいるようです。ただそれはとてももったいないことです。これから説明しますが、実は新入社員や若い人こそ、ほめることを学んでいただきたいのです。

下段者は上段者の実力がわからない

武道には、「下段者は上段者の実力がわからない」という言葉があります。

この言葉は、その立場や経験を積んでみないと、その人の凄さや素晴らしさがわからない、理解できない、見えてこないという意味です。

例えば、あなたが柔道や剣道など、何かの武道に入門したとします。その時に、道場の隅の方で練習している黒帯のおじいさんがいた。その人を見てあなたは、「この人、黒帯だけど、俺が本気になって試合したらもしかして勝てるんじゃないの?」と思ったとする。ところが、いざ組んでみたら身動き一つ取れない、一発で投げられる。そういうことが武道ではあるのです。

実は、それを私は高校時代に経験しました。

柔道の授業で寝技練習の時間がありました。座った状態で対戦相手と背中合わせになり、先生の合図で寝技の対決をしていくという授業でした。

その時の対戦相手は私より小柄な同級生でした。その人が柔道の経験者だということは知っていましたが、私はスポーツが得意でしたし、私の心の中では、「この体格の差だったら、この人には問題なく勝てるだろう」そう甘く思って対戦しました。

ところが、合図で始めて組み合うと相手の体がびくともしない。「あれ？」と思った瞬間に、座ったままなのにあっという間に投げられ、押さえ込まれました。

その後も逃げようともがきましたが、まったく抜け出せないまま結局負けてしまったのです。

その時に思いました。見かけではわからないことがある。実際に組んでやってみないとわからない、対戦してみないと伝わってこない。試合をして初めてその人の強さが実感できたのです。

これは、組織の中でも同じだと思います。その立場になってはじめてその人の凄さが見えてくる。その経験を積んだことによって、その人の素晴らしさやその人の行動の理由が見え、理解できるようになってくるのです。

若いスタッフの成長が加速する！

あなたには若いスタッフほど先輩や上司のいいところをたくさん探すように声をかけてもらいたいのです。先輩や上司のいいところが見つけられるようになるということは、その先輩の想いや行動が見えてきている、見え始めているということです。その仕事の内容も理解できている、あるいは理解できはじめている証拠です。

ですから、「先輩や上司の素晴らしいところを見つければ見つけるほど、あなた自身も成長していくよ」と、若いスタッフに伝えて欲しいのです。

そして、「先輩のいいところを見つけたら、それを自分に取り入れていくといいよ」とも伝えてください。

「あの先輩は、話し方がとても丁寧だ。これを取り入れていこう」

「あの先輩は、服の着こなしがとてもおしゃれ。真似してみよう」

「あの先輩は、お客様と接する時の表情がとても素敵だな。あんな風にしてみよう」

先輩や上司のすばらしいところを見つければ見つけるほど、そしてそれを取り入れれば取り入れるほど、若い人の成長が加速していきます。

スタッフの笑顔が一回でも増えるように

私は教員時代、部活動の終わりに今日のいいところを部員に発表させていました。部活動の中で、仲間がどんな頑張りをしていたか、どんないい取り組みをしていたかを、みんなに発表してもらうのです。

そのような場を作ると、先輩も後輩を意識するし、後輩も先輩のいいところを探すようになります。そういう仕組み作りやきっかけ作りをあなたにしてもらいたいのです。

あなたが直接、「あの先輩のいいところを教えてくれる?」でもいいと思いますし、「あの新人スタッフのすごいところってどこだと思う?」と質問する。その時にすぐ答えが見つからなかったら宿題にして、「明日聞くから教えてね」と伝える。すると、より深く観察し、見つけようという行動を起こします。いいところを見つけるという習慣作りをしていただきたいのです。

最初は、なんとなくやらされてる感がありますが、あなたは気にせず続けることが必要です。これも慣れで、最初はめんどうくさそうにしていた人が、自分がほめられる経験や、ほめた相手の嬉しそうな表情を見ることで、次第に気持ちが前向きに変わってきます。

SECTION 03

相手の反応をしっかり観察させる

先輩のいいところを言えなかった新人スタッフもいたかもしれませんし、新人スタッフのいいところを言えなかった若手リーダーの人もいたかもしれません。

ここで大事なことは、その人が相手のことをどれだけ知っているかです。

研修の中で、「好きな人と嫌いの人との違いは何ですか?」と聞いてみると、その違いはその人に対する情報量の差があげられます。好きな人の情報量は多い、嫌いな人の情報量は少ない。という傾向があるようです。いろんなことを知っているから好感が持てたり、知らないから嫌いなのかもしれません。相手のことをもっと知ること、興味を持つことが心の垣根を取り除くきっかけになります。

「人の話を聞く、聞かないワーク」から見えてくるもの

私の研修の中で、「相手の話を聞く30秒と無視する30秒」というワークをします。

好きな人と嫌いな人のちがい

↓

相手に対する情報量の差

Point

- 好きな人の情報量は多く、嫌いな人の情報量は少ない傾向がある。
- 苦手な人にもっと興味をもつことで、心の垣根を取り除くきっかけになる。

AさんとBさんで二人のペアを作って、Aさんは1分間、自分の話をしてもらいます。そしてBさんはその話を聞いてもらう役割です。ただBさんは、最初の30秒は大きなリアクションでしっかりとAさんの話を聞きますが、後半の30秒ではまったくAさんを無視してもらいます。

まずは、AさんがBさんへ話しかけ、終わったら、BさんからAさんにも同じことを繰り返していただきます。その1分間で、お互いが心の状態の変化を味わっていただくワークです。

その時の皆さんの感想は、「頷いて聞いてもらえたら、嬉しい気持ちになってどんどん話ができた。ところが残りの30秒無視された時は、悲しい気持ちになって言葉が出てこなかった」という感想がほとんどです。

このワークは、いろんな研修で行われるワークです。その時の結論として、「だから人の話はよく聞ききましょうね」となるのですが、このワークには、もう一つ大事な部分が隠れていますそれを皆さんに質問します。。それは、「皆さん知っていましたよね？」ということ。「皆さん、知っていましたよね？　私は皆さんに最初に伝えましたよね？　30秒経ったら無視されると知っていましたよね？」と問いかけるのです。

ここで参加者に感じてもらいたいこと、それは、無視されると知っていたのにもかかわらず、実際にされると本当に寂しい気持ちになる！　ということ。

これをあなたが知らず知らずのうちに目の前の部下や後輩、あるいは子ども達にやっていたらどうなるでしょうか？　子ども達が学校から帰ってきて、「パパ、ママ、今日学校で、こんな楽しいことがあってね」と話しかけてきているのに、「今これやっているでしょ？　今忙しいの！」と言って話を聞かない。

あるいは、あなたが、今すぐにでも取引先にメールをしなければならない時に、部下や後輩が来て、「先輩、仕事のことで相談があるのですが……」と言ってきた時に「今、忙しいんだよ、ちょっと後にしてくれ！」と目も見ないで言ってしまう。そんなことがないでしょうか？

会話の主導権は受け手

私たちは、会話は言葉のキャッチボールだと知っています。その会話の中で、私たちは話している人が主導権を持っていると思っています。ところがこのワークで気づいていただきたいことは、会話の主導権は「受け手」が持っているということなのです。

「うん、うん」と頷いて聞いてくれたら、嬉しい気持ちになってどんどん話ができた。ところが目を逸らされた瞬間に、寂しい気持ちになってもう言葉が出てこない。

「うん、それで、え～そうなの？　すごいな～」と聞いてもらったら、どんどん話ができて、「あ～、もっとこの人に話したい、こんなに聞いてくれたら嬉しい」というように心の距離がどんどん近づいていくのです。

これが「ほめずにほめる」という方法です。

ほめなくていいということです。自分が口下手でどうほめていいかわからないという人は、無理にほめなくてもいいのです。相手の話を、手を止めて、目を見て、頷いて聞くことで、相手の心がどんどんあなたに近づいてくる。これが「ほめずにほめる」です。

「ほめずにほめる」八つのポイント

さらに、私たち、ほめる達人がお伝えしている「ほめずにほめる」を、もっと深める八つのポイントがあります。それは、

1．目を見る

2. うなずく
3. 相槌を打つ
4. 繰り返す
5. メモを取る
6. 要約する
7. 質問する
8. 感情を込める

とくに、「目を見る」「うなずく」これが最高の「ほめ行動」です。

私たちは「ほめる」ことは、「言葉」だけだと思いがちです。ところが「行動」によっても相手をほめること、認めることができるのです。

あなたはこの、「うなずく」という行動を普段の生活の中で石ころのように蹴飛ばしていませんか？

うなずくという行動がダイヤの原石だということに気がついていますか？

スマホを見ながら、新聞を読みながら、テレビを見ながら、パソコンを打ちながら、「うんうん」「はいはい」と、適当に、石ころのように蹴飛ばしていませんか?

相談されない大きな理由

若手リーダーがもし、新人スタッフの報連相がうまくできていない。と愚痴をこぼしているのであれば、それは若手リーダーの話の聞き方に問題があるのかもしれません。ダメ出しモードの話の聞き方では、新人スタッフは報告に行きたいとは思いません。その話の聞き方こそが相談されない大きな理由であることが多いのです。

まずは、報告の中に含まれている、新人スタッフの想いや行動、そしてその言葉のいいところを見つけて、それを認めてあげるようにする。そうすると新人スタッフは、心が楽になり、次からは若手リーダーに積極的に報告をしに行くでしょう。ですので若手リーダーに、新人スタッフの話をしっかりと聞き切る! という体験をしてもらいたいのです。

そのためには、まずあなたが若手リーダーの相談にしっかりと乗ってあげることです。あなた自身が部下と向き合う時間をとって、若手リーダーの相談に乗っていく。あなたにとことん聞いてもらえたという体験が、若手リーダーの気づきにつながります。そのような気づきを与える手助けをしていただきたいのです。

話を聞く時のイメージは……

相手の話を聞く時の自分の心の状態。それは「心の湖面に話し手のイメージを映しだす」ということです。これは、藪原秀樹《やぶはらひでき》さんの本、「聞けば叶う」で書かれている言葉です。「まずは自分の心のなかに、湖を思い浮かべる。完全沈黙ができている時、心の中には雑音もなく、風が吹くこともありません。心の湖面はピタリと静まり、ピカピカの鏡のように澄んでいます。この湖面に相手の思いを映すつもりで話を聞く」

自分の心の湖面が、まさに鏡のようになっているイメージ。「時間がないのに……」「何を言っているかわからない」「それはあなたが間違っている」など、自分の心の湖面をざわつかせながら話を聞いても、相手の話が届いてこない。そして、こちらの気持ちが相手に伝わって、聴いてもらっているという信頼関係を築くことはできません。そうではなくて、自分の心の湖面を落ちつかせて鏡のようにし、相手の話をその湖面に映すようにしっかりと聞く。それができるかどうかです。聞くことはある意味自分に対する修行かもしれませんが、この「聞く」をしっかりできる人ほど、部下や後輩との心の距離が近づき、信頼関係を深めることができるのです。

「大事にしているよ」というメッセージ

ただ、本当に時間がない時もあります。優先順位もありますので、その時にはきちんとその旨を伝えることも重要です。

「5分待ってもらえますか？」

「10分しか聞けないけどそれでもいいかな」

「〇時間後に時間ができるからその時でいいなら」

あなたを大事にしていますよ。というメッセージを与えることが大事なことです。

球技は、ボールに対して接球回数が増えれば増えるほど上達します。コミュニケーションも同じです。人と接する回数が増えれば増えるほど、その人との親密度は深まるのです。

人の話を聞いているその時こそ、コミュニケーションを深めているタイミングである！ということを若手リーダーに伝えていただきたいと思います。

SECTION 04 コミュニケーションを深めるポイントを意識させる

部下や後輩との会話を増やすことがコミュニケーションを深めるポイントです。コミュニケーションが深まれば、より相手のことを見られるようになり、ほめる場面が出てきます。

「部下や後輩と会話をしていますか？」とリーダーの人に質問すると、「よく会話をしています」とお答えをいただきますが、「業務連絡を除いてどのくらい会話していますか？」という質問には、「そういえば、ほぼ業務連絡です」という人が結構いらっしゃいます。しかしコミュニケーションの視点で見ると、業務連絡は会話ではありません。業務連絡はあくまでも連絡であって会話ではありません。

仕事の業務連絡は会話ではなく、業務の連絡と連絡の間にあるちょっとした話、こちらの想いや感想、雑談のようなその言葉こそ会話なのです。その会話をあなたの部下や後輩と交わしているか、あるいは若手リーダーは新人スタッフと交わしているかどうかです。

短い時間でもコミュニケーションを深める雑談力

では会話を増やしていくにはどうしたらいいか？

それは、業務連絡をした後に、ちょっとしたいい感想や発見を伝えることです。

「いい感じでできているね」

「この盛り付けが綺麗にできているね」

「いいスピードでできたね」

こういういい感想を、ふわっと添えて相手に届けることなのです。

今は、働き方改革で、働く時間は短くしなければならない、しかし生産性は落とせない、むしろ上げなければならない。そうなると、責任感の強いリーダーの中には、業務連絡の間の言葉が厳しい言葉、注意の言葉が多くなる人もいるようです。

そのリーダーの責任感の強さから厳しい言葉になることを認識した上で、あなたは業務連絡の間に伝える言葉を、注意やアドバイスから「ほめる」にシフトチェンジさせていく必要があります。

新人スタッフの趣味だったり、こだわりであったり、その人の情報をできるだけたくさん集めておいて、雑談を交えながら相手に話していくことが相手の心を掴むことになり、アドバイスも受け取ってもらいやすくなっていきます。その雑談力をあなたにも、若手リーダーにも磨いていただきたいと思います。

相手の反応に惑わされない。

ただ、「ほめても全然嬉しそうじゃないな……」と感じる若手リーダーもいらっしゃると思います。もちろん、ほめ達の「ほめる」は「他人をコントロールするために使わない」ですから、嬉しそうじゃないと思っている段階で相手をコントロールしようとしていることになるので、まずはこの気持ちを無くしてもらいたいのですが、なかなかそれは難しい。

そのことも理解した上で、あなたがその若手リーダーを励ます時に、「相手の反応に惑わされない」ということを伝えていただきたいのです。

相手の反応が薄いから伝わっていない、喜んでいない、と思ってガッカリしないようにするということです。これは「ほめる」を実践する時に、誰もが経験することです。まずは、ほめ言葉を「意識して使う」ことが目的なので、あなたが実践してきたように若手リーダーにも、ほめ言葉を使う習慣を身につけていただきたいのです。

表に見えている反応がすべてではない。受け取っていないように見えても、心の中では受け取っていることもある。ということを伝えてください。

素直に喜べない時もある

私が教員時代、ちょっぴりやんちゃな生徒をみんなの前でほめました。するとその生徒からこう言われたのです。

「は〜、ウザ！」

ほめたのに「うざっ」と言われ、びっくりしました。

「もう、絶対ほめない」と心に決めたぐらいです。ところが、その日から数日経ったPTA会の時に、その生徒の母親から、「先生、先日、うちの子をほめてくれたのでしょ？　うちの子が帰ってすぐ、先生にほめられたってとっても喜んで話してくれました。ありがとうございました」と言われたのです。

「喜んでいたのか〜！」

若い子たちはその時のまわりの様子で素直に喜べない時もあるのです。その仲間との関係性の中で喜んでいる姿をまわりに見せたくない場面もあるようです。本当は嬉しいのに、なかなか言えない。そういうことも私たちは知っておくことが大事なことです。

ただ、事実だけを見つけて「ここがすごいな」、「この部分が凄くよくなった」と、相手に伝えることが大事なのです。その時の相手の様子が喜んでなかったとしても、それは気にしない。なぜならば、あなたは事実を伝えているだけだからです。相手をコントロールしよう、喜んでもらおうと思って言っている言葉ではない。本気のほめ言葉こそ大切だと思います。

私は教員時代にこんなイメージで、ほめ言葉を使っていました。生徒の心のコップの中に、一滴一滴、ほめ言葉をスポイドで入れているようなイメージ。「いつかはいっぱいになる！いっぱいになった時に、自分に自信を持って自分で動き始めてくれる時が来る！」とそう信じて伝えていました。なかには、お風呂のバスタブにスポイトで入れているイメージの生徒や、25メートルプールにスポイドで一滴一滴、水を入れているイメージの生徒もいました。それでもいつかは必ずいっぱいになる。と信じて水を注いでいました。

相手の反応に惑わされることなく、いいところを見つけてコツコツ伝えていくことが、コミュニケーションを深めるポイントです。

花を咲かせるというより、根っこを育てるように

ほめ言葉で相手の心のコップに水を！

Point

- **「ほめ言葉」という水を、相手の心のコップにスポイトで一滴一滴入れていくイメージ。**
- **心のコップの大きさは人それぞれ。プールサイズの人にもいつかはいっぱいになると信じて言葉の水を入れよう。**

SECTION 05

平等にコミュニケーションを深めさせる

若手リーダーの中には、平等にスタッフをほめることができない、という人もいらっしゃるかもしれません。どうしても、いつも目立つ人や、よく報告や相談に来る人には、ほめることができるのだけれども、大人しい人には、ついつい声をかけそびれてしまう。という人がいらっしゃるかもしれません。その時の方法としてこれをお勧めしてください。

「番号でほめる」です。

これは私が、中学校教員の時に実際にやっていたことです。

中学校は一クラス40人でした。その40人を平等にほめるということが、なかなかできませんでした。ついつい、良くできている生徒や、自分から声をかけてくる生徒、どちらかというと目立つ生徒に声をかけてしまいがちでした。

目立つ生徒がどうしても目に入るし、印象に残ります。ところが目立たないけれどしっかり頑張っている生徒もたくさんいます。

そして、小学校の頃の私がそうだったように、見てもらいたい、声をかけてもらいたいけれど、自分に自信がなくて、勇気がなくて声をかけられない、自分から報告できない人がいるのです。

こちらにアピールはして来なくても、心の中では見て欲しい、認めて欲しい、という思いの生徒はいます。というより、人は見て欲しい、言葉をかけて欲しいと思っているものなのです。

出席番号ほめ

そのために私が、実践していたことがあります。

それが「出席番号ほめ」です。

学校には出席番号というものがあります。その出席番号で生徒をほめるのです。例えば40人の学級で、今日が10月9日であるならば、出席番号の9番、19番、29番、39番、この4名を必ずほめるようにするのです。

9番の生徒を朝から観察して、「○○君、集中して読書できているね」

19番の生徒に「○○さん、掃除が熱心でいいね」

29番の生徒に「○○さん、手を挙げる姿勢が素晴らしい」
39番の生徒に「○○さん、反省会では仲間のサポートができていたね」
などというように、一日の間にこの4名だけは必ず名前を呼んで、そしてこういう事実がよかったね、という実践をやってきました。そうすると10日で全員が一周するという計算になります。すると、ほめ漏れがなくなってきます。

そしてこのほめ方には、面白い利点があるのです。それは、その人を注意して見るように意識していると、普段気づかないようなことが見えてきました。

「毎日○○君と登校しているな」
「朝読書は、この本を読んでいるな」
「休み時間には、○○さんと▲▲をして遊んでいるな」
「給食は、これは食べるけど、これは苦手だな」

その人を一日見ていると今まで気づかなかったことがどんどん目に入ってきます。これが観察力にもつながっていくのです。

私たちは、目の前の人を見ているようで、見ていません。その日は、選んだスタッフの行動を意識して見る一日にしていくといいと思います。ほめることのアンバランスを出さないための方法ですので、必要以上に見る必要はないと思います。ちょっと意識して見て、言葉をかけるイメージを持たせてください。あまりジト～と見られると違う意味で、コンプライアンスに引っかかってしまいますので、その点は要注意です。無理なく平等に、10日で全員がほめられるような、そんなシステムを作るよう若手リーダーにアドバイスしていただきたいと思います。

言葉を磨かせる

あなたが若手リーダーを育てる時に大切にしていただきたいこと、それは若手リーダーの言葉を磨かせることです。若手リーダーがどんな言葉を持っているのかが大切です。相手が、納得する言葉を若手リーダーが持っているかどうかです。

私がまだ教員として若い時、教師としての知識はない、経験はない、テクニックもなかった、それでも子どもたちと親しくなることができました。「若さ」というのは武器で、若いというだけで生徒との関係が深く築けるのです。

そして、「竹下先生、あの○○先生、嫌なんだけど」という生徒に私が、「いやいや、あの先生もあなたたちのことを考えて指導しているのだよ」と答えていました。

ところが私がある年齢を過ぎてからは、逆に生徒から私が言われるようになりました。「○○先生、竹下先生が嫌なんだけど……」といつの間にか、私が言われる側になっていた。

それを聞いた時に、これは何とかしなければならない、何かを変えなければいけないと思いました。怒鳴って、叱る、怒るだけの指導ではダメだ。もっと生徒の心を掴んで、生徒が自ら動くような言葉がけができるようになりたい。自分のコミュニケーション力や言葉の力を上げていきたい。という思いが膨らんで、「子どもたちの心に響いて、自分から動き始める言葉は、どんな言葉があるのだろう？」そんな思いから「言葉集め」を始めたのです。

怒鳴って恐怖で人を動かすのではなく、「なるほど、そうだな」と納得し、言葉に共感して生徒たちに動いてもらいたいと思ったのです。人は納得すると、行動を起こします。

人を納得させ、さらに人の心に火を付けるそんな言葉を若手リーダーに持ってもらう必要があるのです。

豊かな言葉は、必ず相手の心に響いていきます。シンプルな言葉も大切ですけれども、その人の経験と表現がうまくミックスされた言葉は、さらに奥深く相手の心に響きます。まずあなたがたくさんの言葉を集め、若手リーダに伝えていきましょう。

SECTION 06

ほめ言葉のトレーニングをさせる

若手リーダーにほめ言葉を増やすトレーニングをさせてみましょう。あなたがやったように、自分が言われて嬉しいほめ言葉を書き出してもらいましょう！　まずは自分で書いてもらう。そしてその時に、4人以上のメンバーがいればこのようなワークをしてもいいと思います。

「ほめ言葉のシャワー」でトレーニング

1、4人から6人で1組になって行います（ここでは1組6人で説明します）。
2、全員が「自分が言われて嬉しいほめ言葉のベスト10」を書き出します。
3、書き出したら、1番さんから6番さんまで決めます。
4、1番さんが書いた「自分が言われて嬉しいほめ言葉」を他の5人が約1分間、1番さんにシャワーのように、ほめ言葉を浴びせかける。

ほめ言葉のシャワー

「自分が言われて嬉しいほめ言葉」ベスト10

お名前　竹下 幸喜

① かっこいい

② おしゃれ

③ おもしろい

④ 安心できる

⑤ 仕事ができる

⑥ 判断力がある

⑦ 行動力がある

⑧ 笑顔が素敵

⑨ 落ち着きがある

⑩ 頼りになる

自分が書いた言葉10個を、まわりの人から言われると、また違った感覚になってくる。嬉しい気持ちになってきます。伝える時にはポイントがあり、「どういう風にしたら、その言葉が伝わるかな？」と考えることです。

1番さんが書いた「自分が言われて嬉しいほめ言葉」ですので、ほかの人にとっては自分の言葉ではありません。それを、あたかも自分が思って言っているように伝えるにはどうしたらいいか？　を考えてもらうのです。

まず一つ目のポイントは、「名前を言う」です。

言葉の前に必ず「〇〇さん」と名前を言う。それだけでその言葉の伝わり方が変わってきます。もし1番さんがあだ名で呼んで欲しい！　と言われたら、その時はそのあだ名で呼んでもらいます。そうするとまた伝わり方が深まります。

二つ目のポイントは、「目を見て伝える」です。

紙を見て、どのほめ言葉を言おうか決めるのですが、言葉に出して伝える時は、1番さんの目を見て伝えてもらいます。するとさらに言葉が伝わりやすくなってきます。

そして三つ目のポイントは、「ジェスチャーを入れる」です。

身振り、手振りでもいいし、手を差し出して相手に伝えるジェスチャーを加えると、その

ほめ言葉を増やし、ほめられる喜びを体感！

「ほめ言葉のシャワー」ワーク

Point

- 名前をつけて、ほめ言葉を言う。
- 相手の目を見て伝える。
- 身振り、手振り、ジェスチャーを加える。
- 自分の心に落とし込んで自分の言葉として伝える。

言葉をプレゼントのように受け取ってもらいやすくなります。

伝わる人と伝わらない人の違い

このワークをしてみると、ほめ言葉を人に届けるのが上手な人とそうでない人がいることがわかります。その要因は、言葉を自分のものとして伝えているかどうかで決まります。

1番さんが書いた文字だけを読んで伝えている人は、どうしてもほめ言葉が伝わりにくいのです。ところが伝わる人の言い方は、一旦自分の感情に落とし込んでから言葉に出して伝えていく。するとその言葉が伝わりやすくなる。

ある研修で、「笑顔がいい」と伝える時に、こういう伝え方をした人がいらっしゃいました。

「『私も普段から思っていましたが』ほんとに○○さんは笑顔がいいですよね」

というふうに「普段から思っていましたが」という自分の言葉を付け加えると、相手に伝わりやすくなってきます。自分の言葉として想いを乗せて伝えてみると、より相手に伝わります。このワークで自分が言われる側と言う側の両方を体験することで、どのようにすれば嬉しいか、あるいは喜んでもらえるかを感じることができます。それがまた、実際にほめ言葉を使う時の大きなヒントになってきます。

SECTION 07

質問でほめポイントを引き出させる

あなたの部下や後輩が使っている「質問」に、意識を向けてください。若手リーダーは、新人スタッフのうまくいかなかった時、できていない時にこんな言葉を使ってないですか？

「なぜ、できないのか？」

「どうして、遅れたんだ？」

これは、否定質問というものです。この「なぜ？」「どうして？」は、相手を責めている気持ちがあるので、言われた方も答えに困ります。いわゆる詰問です。この質問に「寝坊して……」と答えたら、「寝坊？　いい加減にしろ！」と、またさらに怒鳴られることが目に見えています。

この否定質問を少し変えるだけで、相手に与える印象が変わってきます。

否定質問から肯定質問に変えることです。否定質問は、できなかったことを責める意味合いが強く、言われた新人スタッフは、自分が否定された気持ちになるのでとても傷つきます。

せっかく心を寄せていたその気持ちが離れてしまいます。若手リーダーには、その否定質問を使わずに、新人スタッフを成功に導く、肯定的な質問、肯定質問に変えていくアドバイスをしてください。

「なぜ、できないのか？」を「どうしたらできると思う？」

「どうして遅れたんだ！」を「どうしたら間に合うと思う？」

これはその人に次、成功してもらうには、どうしたらいいか？　何が必要なのか？　を自分で答えを探し見つけさせる質問です。次回、成功に導く言葉がけをさせてください。

うまくいったことを質問する

私は、部活動の指導の中で、生徒が「うまくいったこと」「できたこと」を質問するように心がけていました。

わたしたちは、できなかったことには「なぜ？」「どうして？」と質問しますが、うまくいった時には、「よかったな〜」とか「すごかったぞ」と感想を言って終わる場面が多くなります。それではもったいないので私は、生徒が大会で自己新記録を出した時にこそ、こう質問するのです。

「やったな〜、自己新おめでとう！　ところで今日は、なぜ新記録が出たと思う？」

するると、生徒たちはそこから考え始めます。

「あ、先生、冬の間にやった神社の階段練習、あれがすごく良かったと思います」

「毎日、寝る前に自主トレで、腹筋、腕立て100回やってきたのが良かったです」

「食事も好き嫌いが多かったのをなんでも食べるようにしたのが良かったです」

その情報を私は集めて、ミーティングの時に言うのです。

「この前、A君が自己新記録を出したのは、神社の階段練習が良かったって言っていたぞ」

と伝えると、三年生を中心に生徒たちが真似を始めます。次の練習の階段練習の時には、目の色が変わる生徒が増えてきます。その三年生の姿を見て、二年生、一年生が真似を始めます。そしてさらに「階段練習をすると新記録が出るぞ」という前向きな言葉を三年生が言うことで、その言葉がさらに二年生、一年生の心の入り、意識レベルが上がるのです。

「もっとよくなるには？」と質問する

そして、記録が出た選手にさらにもう一つ踏み込んで質問をします。

「もっと記録が出るにはどうしたらいいと思う？」

「もっとうまくいくにはどうしたらいいと思う？」

ある選手は、「１００ｍの後半が、バテて失速するので、練習の最後に２００ｍ全力一本走ろうと思いますがいいですか？」と自分で考えて答えます。そして自分で答えたこの練習はサボりません。私から言われてやらされる練習より、自分で考えて走る一本はやらされる練習の10本以上の効果があります。

うまくいった情報を集めて、それをメンバーに伝えていく。いい情報はみんなで共有できるようにして、私が伝えるのです。

うまくいったことを質問して、その理由を集めていく時は、こちらの気持ちもとても嬉しい気持ちになります。そしてさらによくなるにはどうしたらいいかを考えていくともっとワクワクしてきます。それは若手リーダー自身のプラスの知識が増えることになるのでぜひ意識させていただきたいと思います。

順番を変えて質問をする

先ほどの否定質問で、若手リーダーが、どうしても新人スタッフを責めてしまいそうになっているときは、言葉の順番を変えるだけで、解決することもできることを伝えてください。

「なぜ、できないのか？」ではなくて、「できないのは、なぜなんだ？」と。言葉の順番を変えるだけできちんと相手に理由を聞いている感じが伝わります。そしてあなたも順番を変えている時点で、少し気持ちを落ち着かせることができるのです。

「時間がなくて……」という答えに「あとどのくらい時間が必要か？」あるいは、「ヘルプが必要か？」と対応策を一緒に考えてあげることができます。できていないその理由をしっかりと聞いてあげて、対応策を一緒に考えるスタンスです。

質問でほめる

自分よりも年上の部下がいて、どんなほめ方をしたらいいのか悩んでいる若手リーダーも多いと思います。その時にお勧めなのが「質問でほめる」です。

「○○さんのこの仕事、早いですね。どこに注意してやるとそんなふうに早くできますか？」

「その仕事、どこを意識すると○○さんのように、綺麗にできますか？」

このように、年上の人の仕事の素晴らしいとこ、熟練の技のやり方を、素直にどうしたらそうなれるかを聞いてみるのです。質問することによって「私はあなたのようになりたい」という尊敬のメッセージを伝えることができます。

年齢が上の人は、いろんな経験を積んでいます。これまでの人生で蓄えてきた知恵があるでしょう。それを聞かないのはもったいない。いいところはどんどん教えてもらいましょう。

それともう一つは、年上の人も、自分が誰かの役に立ちたいという思いを持っています。自分ができること、得意なことを質問されると嬉しいのです。心の距離を縮めて関係を深めて欲しいので、質問で尊敬の気持ちを伝えるやり方を若手リーダーに実践してもらいましょう。

この時に、年上の部下に対して「若いということで舐められたくない」と思っている、若手リーダーもいるようです。しかし、舐められたくないと思えば、相手もそう思います。話を聞いてほしい時はまず、こちらが相手の話を聞くことです。鏡の法則です。こちらが思ったことが返ってきます。

相手の話を聞く時の注意点は、話が長くなること。これは少し覚悟が必要かもしれません。ただ、そうやって話してくれることは、若手リーダーに信頼を寄せている証拠です。時間が取れる時はできるだけその人の話を聞くことを勧めてください。

質問が人生の先輩の自尊感情を高め、認めることにもなります。若手リーダーの質問によって、人生の先輩のいいところをたくさん引き出していただきたいと思います。

SECTION 08

ほめる文化を習慣化させる

次の質問に答えてください。

1. フルーツといえば?
2. おにぎりの具材といえば?
3. 玉子焼きには何をかける?
4. ラーメンといえば?
5. お寿司といえば?

これは、お互いを知り合うために講座でやっていただくワークです。このような質問を10問ほどするのですが、すべて同じ答えの人はいません。

「ラーメンといえば?」と質問すると、「豚骨」と種類を答える人もいるし、「チャーシュー」

と具材を答える人もいる。

「お寿司といえば？」では「ネタ」を答える人もいるし、「お店の名前」を答える人もいます。

何が言いたいかというと、自分と他人は絶望的なほど違う、ということ。

産まれた場所も違う、育った環境も違う、年齢も、性別も違いますから、同じものを見たり聞いたりしても、考える、思い描くイメージは人それぞれ違う。同じわけがないのです。

ところが、この考えや思いの違いを私たちは相手が「間違っている」と思ってしまう。私の考えが正しくて相手の考えが間違っている、そう思って相手の意見を攻撃します。あるいは理解を示さない。

「どうせあの人はいつもそうだ」で片付けてしまう。ではなくて、「そういう考えもあるのか」「そういう意見もあるのだな」と受け入れることです。

実は、この「違い」こそがチームを飛躍的に成長させていく重要なポイントになります。

あなたの部下が10人います。その10人が10人とも同じ意見の会社が面白いでしょうか？ あなたが提案した意見に誰も反対しない、全員が賛成の会社が本当に成長していくでしょうか？

まずはいろんな立場から、反対や賛成、いろんな意見が出ることが大事なことです。風通しのいいチームとは、今までの自分の経験から意見が言える、どの年代であっても自分の考えが言える、自分の思いを素直に出せる、そんなチームです。そしてもう一つ大事なことは、その意見を皆でしっかりと受け止められるかです。少数意見であっても、仲間が意見を受け止めようとしているかが大事なことです。

自分の意見がしっかり言えて、そしてまわりが受け止めてくれる、だからチームの信頼関係の厚みが増して、考えの奥深さが出てきます。今まで知らなかった価値を自分の中に取り入れる、一人ひとりの心の視野が広がり、心のパラダイムシフトが起こるのです。だからチームが成長していきます。

「違い」は「間違い」ではない。違いは悪いことではない。違いがあって当然。違いがあるから、チームは成長できる！　ということを若手リーダーには充分に理解させていただきたいと思います。

言葉の3Dを封印し、1Dを意識する

意見の違いが出てくると、私たちがつい使ってしまう言葉があります。これを、「使わない」と決めることもチームにとってはいい刺激になります。あなたのチーム内で使わないと決めてもらいたい、言葉の３Ｄです。

それは、「でも」「だって」「どうせ」。

「でも、この地域じゃさ」「だって、この景気じゃ」「どうせ、うちのスタッフじゃさ」これはすべて、誰かの、何かの責任にしています。誰かのせいにすると私たちはアイデアが浮かんでこないのです。

ではアイデアを浮かばせる1Dがある。あなたのチームで使っていただきたい1D。それは、「だからこそ！」です。

「この地域だからこそ、やれることがあるよね」「この景気だからこそ、できることがあるよね」「このスタッフだからこそ、やれることがあるよね」というふうにです。

「この仕事30年のベテランの私だからこそできることがある」「新入社員の彼だからこそできることがある」「5年目、10年目、20年目の彼らだからこそできることがある」という風にです。私は部活の中でそれを集めてきました。三年間経験してきた三年生だからこそ達成できたこと、新入部員の一年生だからこそ挑戦できたこと、三年を見て一年生を指導してい二年生だからこそ成長できたことがあるのです。そのいい部分を集めて、見つけてミーティングで伝えていきました。すると総合優勝することができたのです。

生徒はできていないところはたくさんありました。ところが、できているところも日々増えている。そのできているところを見つけて伝えていくと、できていないところまで、できるようになっていったのです。

あなたやスタッフの心の中にある、「でも」「だって」「どうせ」を消して、「だからこそ」をチームに、リーダーの心に浸透させていただきたいと思います。

ほめ報告の場面を作る

できたら、月に一回のミーティングで、「ほめ報告」の場を設定してください。10人ぐらいのチームであれば、全員が参加し、人数の多いチームではリーダーだけ集まり報告してもらうといいと思います。

この「ほめ報告」というのは、「この一ヶ月の間に自分のまわりの誰かをほめてくる」という宿題です。

ほめる相手は誰でもいいのです。親、きょうだい、妻、夫、子ども、お店の店員さんやスタッフ、誰でもいいので意識してほめる実践を一ヶ月の間にしてもらいます。

1人が発表したら、その感想をほかの9人から言ってもらいましょう。すると、よりそのほめ報告が深まってきます。時間がある時は、紙に感想を書いてもらうとより深まります。

その報告会をやる意味は

①ほめる実践をしてもらうこと

②他の人の発表を聞いて、擬似体験をしてもらうことです。

誰かが母親をほめたのなら、「私だったらできるかな?」と自分に置き換えて考えてもらいます。誰かが妻に「結婚してくれてありがとう」と書いた手紙を渡したという報告があったら、「自分はそんな手紙がかけるかな?」と考えてもらう。その擬似体験が大切なのです。自分に置き換えて考えてもらう。そしてできるところはどんどん真似をして実践してもらいましょう。その報告を聞くだけで、笑顔になるし、皆さんの感想で心が温かくなります。

中には「私は誰もほめられませんでした」という報告もありますが、それも貴重な発表です。すべてがうまくいくわけではない。言おうとしても言えない時がある。ほめるなんてできない。そのできなかった現実を発表してもらうことに価値があるのです。その気持ちもリーダー同士で分かち合い、共感し合うことが大事なことです。月一回のほめ報告会がおすすめですが、二ヶ月に一回でもいいですし、朝の時間に一人だけの報告でもいいと思います。チームの状況に合わせてぜひこのほめ報告会を実践してみてください。

CHAPTER

06

ほめる文化をチームに定着させよう

SECTION
01

自立自走のチームにするリーダーの心構え

ここまで実践してくると社内に「ほめる文化」のベースが定着してきます。そして、ここからが大事なところです。一人ひとりが自分の能力を最大限に発揮し、自立自走していくチームを持続させていくには、やはりあなたの力、あなたの言葉が重要になってきます。今まで取り組んできたように、いいところはほめて、悪いところは叱っていただきたいのですが、「ほめる」「叱る」よりももっと大事なことがあります。それは「誰が言うか？」です。

あなたがどんなに素晴らしいほめ言葉や、叱り言葉を相手に伝えたとしても、「あなたにほめられても嬉しくない」と、部下や後輩に思われていたら、その言葉は相手の心に響かないのです。あなたがまわりの人から信頼されているかどうか、または、どんな姿をまわりの人に見せているかなのです。あなたの言葉と行動が一致していないと信頼を得ることはできません。あなたの人間性が問われているといっても過言ではないのです。この上司と働きたい！と、あなたが選ばれる人・魅力的な人になっていることが大事なことです。

魅力的なリーダーに必要な姿

第二次世界大戦で連合艦隊司令長官を務めた、山本五十六《やまもといそろく》元帥の言葉に、「やってみて　言って聞かせてさせてみて　ほめてやらねば人は動かじ」という言葉があります。

この言葉は、「為せば成る　為さねば成らぬ何事も　成らぬは人の　為さぬなりけり」の名言で有名な米沢藩の九代藩主、上杉鷹山《うえすぎようざん》さんの言葉が元ネタだと言われております。上杉鷹山さんが、「してみせて　言って聞かせて　させてみる」と言った。その上杉鷹山さんの言葉に山本五十六さんはさらに、「ほめてやらねば人は動かじ」を付け加えたのです。

山本五十六さんは連合艦隊司令長官であり、元帥ですから、当時ならば山本五十六さんが、「白」と言えば、どんなに黒いものも白になった時代です。その五十六さんが人を動かす時は、「ほめてやらねば」と付け加えているところが重要なところです。

圧力や恐怖、あるいは恫喝《どうかつ》で人を動かすのではなくて、心で動いてもらうには、やはり「ほめる」ことが重要だということを示してくれている言葉です。

そしてこの言葉には続きがあります。知っている人も多いと思いますが、この言葉を紹介しないわけにはいかないでしょう。いやリーダーのあなたには何度も見ていただき、心に刻んでいただきたい言葉です。それは、「話し合い　耳を傾け承認し　任せてやらねば　人は育たず」「やっている　姿を感謝で見守って　信頼せねば　人は実らず」です。自立し、自走するチームに必要なことはこの二文です。

「知っている」「わかっている」と言われそうですが、実際これができていないリーダーがとても多いのです。まったく逆をされる人もいらっしゃる。任せると言ったにもかかわらず、いちいち口を挟む。あるいは自分でやってしまう。感謝しないで愚痴を言ったり、注意ばかりして任せることができないリーダーが結構いらっしゃいます。

そうではなくて、あの言葉のように、十分にお互いの気持ちを話し合って意見を聞く、それを認め方向性が決まったらしっかりと任せていく。ここが大事なところです。そして任せたのならば、できているところを見つけ感謝の気持ちを持って、信頼し、行動を見守っていく。

最初は、あなたがやったほうが早く終わるかもしれない。効率がいいかもしれない。それでも、あなたが「任せる！」と決めたのならば、何か言いたくなったとしても、ぐっとこらえて、その若手リーダーを信頼し任せていく。その成長を楽しんで見守ってあげていただきたいのです。それが魅力的なリーダーに必要な姿です。

選ばれる人・魅力的な人になるためのトレーニング

自分が言っていることと、やっていることが一致しない人は好感が持てません。

私は、仕事で大分から博多間のＪＲをよく利用します。その際、特急列車のソニックに乗るのですが、このソニックは大分発ですので、指定席よりも自由席の方が比較的ゆったりしています。

そこで私は、指定席をあえて取らずに自由席で移動します。その時、私は自分の隣の席にできるだけ誰かに座ってもらえるように心がけています。

自由席の乗客の中には、自分のカバンや荷物を隣の席に置いて、座って欲しくないオーラを全開に出している人がいらっしゃいます。隣に人が座ると窮屈に感じたり、気を使わなければいけないところもあるので、できれば座って欲しくないと思う気持ちもわからないわけではありません。

ただ普段会社では、自分の会社の商品をお客様に買ってもらいたい、あるいは自分の取り扱っている商品を選んでもらいたい、あるいは部下から信頼されたい、尊敬されたい、自分を選んでもらいたい、と思っているにもかかわらず、その時だけは私の隣の席を選んで欲しくない、隣に座ってもらいたくない、と選ばれにくい態度をとっている人を見かけます。

それはとっても、もったいないことです。そういう時こそ、選ばれる人になるような行動をとってみてはどうでしょうか？　自分の隣の席に誰よりも早く座ってもらうという、ちょっとゲーム感覚のようなトレーニングです。

一番に自分の隣の席に座ってもらうにはどうしたらいいのかを考えるのです。もちろん隣の席には荷物は置きません。自分の座っている姿勢も整えます。足は組んでないほうがいいとか、視線も窓の方をずっと見ているよりも内側を向いていた方がいいかな？　通路を通る人がいたら少し相手を見る方がいいかな？　あるいは席を探している人とちょっと目線を合わせて、アイコンタクトをとってみようかな、と考えながら座っています。

たくさん空いている席の中から、私の隣を選んで座ってもらえると、心の中で「よし！」とガッツポーズが出てきます。

席を探している人は通路を通る一瞬の間に、この人の横に座ろうか、座るまいか、という判断をしています。その短い時間の中で、あなたは「選ばれる人」になるのか、「選ばれない人」になるのかが決まるのです。

疲れている時こそ、私はトレーニングのつもりで自分が「選ばれる人」になれるように実践しています。つい寝てしまってできない時もありますが、こういうことをゲーム感覚でやってみるのもいいと思います。

難しいことですが、利害関係がない場面でこそ人の真価は問われるものと思います。言動の一致した人間に近づけるよう、小さな努力を積み重ねたいものです。

魅力的な上司がやっている自己開示

人は自分の弱い部分やマイナス面を人には見せたくありません。できれば知られたくない、隠したいと思っています。それは過去、そのことで嫌な思いをしていたり、苦い経験があるからです。

弱みを隠しあう組織、マイナス面を見せづらい組織というのは、なんとなくギスギスした雰囲気となってしまいます。そのギスギスした雰囲気は、わからないことが質問できず本音が出しにくい雰囲気となってしまうのです。ですからチームがそうならないように、まずあなたからやっていただきたいことがあります。それは自己開示です。リーダー自らが開示することによって、安心安全な場ができあがってきます。

人は堕ちた話とそこから這い上がる話が大好きです。ですから、まわりがびっくりするような自己開示でなくてもいいので、あなたのちょっとした失敗談やうまくいかなかったことを、部下や後輩がつまづいている場面を見つけたら、チラッと自己開示することで共感を得ることができるのです。

例えば人前で話をすることが苦手な部下がいたら、「実は私も人見知りで、今でも人前に出ると緊張する。この前も結婚式のスピーチで失敗したんだよね」と、自分のマイナスな面と失敗談と織り交ぜて話をすると、とても心の距離が縮まります。

また人は自己開示されると、自己開示を返したくなります。

「先輩もですか？　私もこの前、友達の結婚式でこんな失敗しました」と自分の心のドアを開けて、いろんなことを話してくれるようになります。心理学でいう返報性《へんぽうせい》の法則です。

部下や後輩たちが、「自分の不安や分からないことを言ってもいいのだ」という雰囲気や安心感を与えることが重要になります。そのためにはまずあなたが、自分を飾らず自己開示していくことです。すると不思議とあなた自身が人から愛される魅力的な人になっていくのです。

やる気スイッチを探し続ける

組織の中には、こちらが思ったように成長しない、あるいはずっとつまずいているスタッフもいると思います。

「叱ったら辞めてしまうかもしれない。怒鳴るわけにもいかない。どう接していけばいいのか？」と頭を悩ませるスタッフもいるでしょう。

「この人はダメだな」とあきらめてしまう時もあると思います。

実は、この場面があなたがチームをまとめられるリーダーかどうかを試されている時と思ってください。

「目の前の人の成長と可能性を信じる」

この言葉をいつも頭の中に置いてください。その人のやる気のスイッチがどこにあるかを探していただきたいのです。そのヒントは、第二章で思い出していただいた、あなたの過去にあります。

どんな声をかけられたら嬉しかったか、やる気になったか、あるいは本当はどんな声をかけてもらいたかったのか？　何を理解してもらいたかったのか？　過去あなたに関わってくれた先輩の言葉や行動を思い出し、いろんなスイッチを押し続けてほしいのです。

その人のやる気スイッチは必ずあります。ただ、過去いろんな思い出したくない経験から心が傷つき、心のカサブタが何層にも重なっている人もいます。

心は薬じゃ治らない。心を癒すのは愛ある言葉です。愛ある行動です。あなたの言葉でそのカサブタがゆっくりと自然にはがれていき、新しい細胞が活性化してくると、そのスイッチが見えてくるかもしれません。

セレンディピティ効果

そして、もう一つチームにとって大事なことが起きはじめます。それは、あなたがそのスタッフに関わっている姿を、まわりのスタッフが見ているということです。「このリーダーはこのスタッフを見捨てるのか、それとも関わり続けるのか」を傍目から見ています。

まわりの人が諦めるような人であっても、あなたが一生懸命関わっていると、あなたの姿が徐々にまわりの人に影響を与え始めます。まわりの人の心が動かされます。

「このリーダーは本気だ！」と。

もしかしたら、そのスタッフは変わらないかもしれない。ところがまわりで見ているほかのスタッフの心があなたに動かされるのです。あなたに協力しようという思いが湧いてきます。私にできるサポートはないかと考えてくれるようになってきます。あなたを応援してくれる人が増えてくるのです。

「この人のやる気スイッチはどこだ？」と探しているうちに、まわりのスタッフの協力や信頼を得ることができる。

これが「セレンディピティ」です。

探し物をしているうちにもっと大切なほかの物が見つかる、手にいれることができることです。

「誰も見捨てない！」その思いでスタッフに接していただきたいと思います。

幸せと喜びの「ほめ」法則

ハインリッヒの法則というものがあります。労働災害の分野でよく知られている事故の発生についての経験則です。「重大事故が一件発生する背景には29件の軽微な事故があり、その背景には300件の小さなミスや異常、いわゆるヒヤリハット（ヒヤリとしたりハッとしたりする危険な状態）が存在する」というものです。「1：29：300の法則」とも呼ばれることもあります。

その危険な状態を、「幸せ」と「喜び」の状態に置き換えると「ハインリッヒの幸せと喜びの「ほめ」法則」が成り立ちます。

あなたがまわりの人に幸せになってもらう、喜んでもらえるような300通りのほめ言葉を、毎日、伝えていくと、そのうちの29個が心に響いて、一つが一生その人の心に刻まれる。あるいは会社にとって大きな幸せな出来事が起きる！　ということです。

「300通りも言って29個しか響かないの？」と思わないでください。そうやってほめ言葉や、スタッフが幸せを感じる喜んで笑顔になる言葉を飛び交わせる環境を作ってもらいたいということです。

そして、一個でも誰かの心に一生残ったり、新しい細胞を活性化させたり、会社にとってすごく幸せな出来事が起きたら、それはその人にとって、会社にとって最高な出来事です。いつもスタッフが幸せと喜びを感じ笑顔が溢れてる環境を作っていただきたいのです。

SECTION 02

魅力的なリーダーになるために

言葉の力

魅力的なリーダーに必要なもの、それは素敵な言葉です。そして、その素敵な言葉をたくさん集めてタイミングのいい時に使えるかどうかです。その瞬間に、相手の心に響く言葉を言えるように準備していただきたいのです。

例えば、こんなことがありました。あるスポーツの常勝チームが負けた時、ある社長さんが私に、「〇〇チームは、平家物語。盛者必衰の理をあらわす。だったな」と言ったのです。この言葉とても心に残りました。

平家物語の冒頭は、学校で暗記させられた文章ですので、今でも口に出して言える人がほとんどだと思います。その馴染みのある言葉をこの場面でさらっと言う社長さんにかっこよさと説得力を感じました。

「勝っている時こそ　次の戦略を考えていかないといけない」とも付け加えられました。

祇園精舎の鐘の声
諸行無常の響きあり
娑羅双樹の花の色
盛者必衰の理をあらは（わ）す
おごれる人も久しからず
ただ、春の夜の夢のごとし
猛き者もつひにはほろびぬ
ひとへに、風の前の塵に同じ

祇園精舎の鐘の音には、諸行無常、すなわちこの世のすべての現象は絶えず変化していくものだという響きがある。
沙（娑）羅双樹の花の色は、どんなに勢いが盛んな者も、必ず衰えるものであるという道理を表している。

世に栄え得意になっている者も、その栄えはずっとは続かず、春の夜の夢のようである。勢い盛んではげしい者も、結局は滅び去り、まるで風に吹き飛ばされる塵と同じようである。

今回のように、スポーツの勝敗から伝えることもできるだろうし、あるいは自分の会社の業績を例えとして、「うちの会社は今調子がいいが、私たちも変化を読み、準備して、今のうちに新しいプロジェクトを立ち上げよう」と伝えることもできる。

目の前に起きている現象を、このような言葉を使って伝えると言葉に奥行きが出てくるし、心への届き方が違ってきます。歴史の言葉を引用したり、映画のセリフや流行りの歌の歌詞を使ってもいいと思います。その人や場面に合わせて言葉を使い分けられるとカッコいいですね。

いい言葉は世の中にたくさんあふれています。その言葉を使わない手はありません。いい言葉をどれだけ集め、使うことができるかです。あなたが集めたその言葉をいつも心に準備して、いいタイミングで部下や後輩にサラッと伝えると、「お、この人違うな」という印象が与えられます。

また集めていくとわかりますが、いい言葉を集めれば集めるほどあなた自身がその言葉が持つ力に勇気をもらえ元気になります。この気持ちも感じていただきたいと思います。

今、私の心の中で準備している言葉を紹介します。

「人はなぜ堕ちる？　這い上がるためさ」（バットマンビギンズ）

「弱い者ほど相手を許すことができない　許すということは、強さの証だ」

（マハトマガンジー）

「人の価値とは、その人が得たものではなく、その人が与えたもので測られる」

（アインシュタイン）

「敵が友となる時、敵を滅ぼしたといえないか？」（エイブラハム　リンカーン）

「考えるな　感じろ！」（ブルース・リー）

信じる力

私が、高校三年生の時の掃除時間のことです。教室の掃除をしていたのですが、私は掃除が面倒臭くてベランダに出て友達とサボっていたのです。その時、担任の先生が見回りに来ました。友達は教室に入ったのですが私はベランダにしゃがんで隠れました。すると教室の中で先生が、「竹下はどこ行った？」と、友達に問いかけるのが聞こえました。友達が私をかばって、「向こうに行きましたよ」と別の方を指差して答えると先生がこう言ったのです。

「そうか、竹下は大丈夫。ちゃんとやるヤツだから」

その言葉をベランダで聞いて、とてもバツが悪い、恥ずかしい気持ちになったのを覚えています。そう言ってくれた先生の気持ちを裏切るのが後ろめたくて、申し訳なくて、次の日からはいつもより掃除するように心がけました。

もしかしたら先生は、私がベランダにいたことに気づいていたのかもしれません。ただ、もし気づいて言っていたとしても、「大丈夫。ちゃんとやるヤツだから」と言ってくれたその言葉は、とても心に響きました。

「信じている！」

という先生の想いは、さすがに裏切れません。私にとっては怒られるよりも強烈な言葉でした。そして、そのことを三十年以上経った今でも覚えているのです。

あなたが本当は気づいていることでも、知らないフリを装ってもいいのです。「信じている」という気持ちが伝わるなら、その演技はアリです。私はあの時、信じてもらえたことがとっても嬉しかったのです。その時はできていませんでしたが、信じてもらうことでその後の行動が変わりました。どんなことがあっても私はあなたを信じているというメッセージを伝え切る。これもあなたの役割でもあるのです。

知っている力

そして、もう一つ私の心に残っている言葉は、「知っている」という言葉です。

コーチングや心理学など、いろんなことを学びにいっていた時、仲間から言われた言葉です。

「竹下さん、私はあなたが講師としてやれるって知っているよ」

これは私の心に響きました。

二十年間勤めた教員を辞めて、そして今から講師としてやっていく。希望に燃えていましたが不安がないわけではありません。その時に言われた言葉ですから、尚更でした。

「あなたが講師でやっていけるって私は信じているよ」

この言葉も励みになるし嬉しい言葉です。しかし、それよりも私の心に響いた言葉が先ほどの「知っている」という言葉。

「知っている」は「信じている」よりも深い言葉です。「信じている」は、「できるかできないか分からないけれども私は信じているよ」という意味です。ところが「知っている」は、「あなたはその力があると気づいていないかもしれないけれど、私はわかっている。その力を見つけているよ」という言葉です。

会社の中でもがいている、まだ結果は出ていないが、今の現状をなんとか改善していこうと頑張っている人に「あなたがやれると知っているよ」と声をかけてあげてください。

SECTION 03 宝地図でチーム理念を共有する

チームの理念を魂のレベルまで落とし込むツールとして、あなたにご紹介したいものがあります。

「夢や目標を、紙に書いて貼ると夢が叶う」

ということを知っている人、実践している人は多いと思います。自分の夢を達成している人のほとんどが、紙に夢を書いて貼っている、ということは有名な話です。私も実践してきました。その実践をする中で、さらに強力なアイテムに出会いました。

それが「宝地図」です。

私はこの宝地図を提唱者の望月俊孝《もちづきとしたか》さんに直接教えていただきました。そのやり方は、自分の夢や目標、欲しいもの、行きたいところ、将来のなりたい自分をイメージしてその写真をコルクボードに貼っていくという、とてもシンプルで簡単な内容でした。

ところがそれを実践しているうちに、いろんなことが現実に起こり「ほめ達」と出会い、いつの間にか講師になっていました。

また「10年後あなたの本棚に残るビジネス書100」の中で神田昌典《かんだまさのり》さんは、「この宝地図というのは自分の夢をイメージできる写真や文字を活用して作成するものです。自分の夢をリアルに視覚化することで、脳はその夢を実現するために必要な情報源や必要な人に気づきやすくなってくるのです。自分で夢を実現するためのリソースを引き寄せるようになってくる、やってみて絶対に損はありません」と言っています。

あなたがチームをどんな雰囲気にしていきたいのか。スタッフやお客様はどんな表情をしているのか。あなたの頭の中にあるイメージを文字だけではなくて写真やイラストや映像を使ってまわりのスタッフと共有していただきたいのです。

チーム理念をビジュアル化

宝地図を会社経営に取り入れている社長さんがいらっしゃいます。それがリハプライム株式会社の代表取締役の小池修《こいけおさむ》氏です。離職率が高いと言われる介護業界で、「ほめる」や「ビジョンマップ」を取り入れ、定着率を96％にした会社です。

～「敬護」サービスを通して、日本をハッピーリタイアメント社会に変える～

小池社長が掲げる経営理念です。「介護して護るのではなく、人生の大先輩を敬って護る「敬護《けいご》」をします」という経営理念です。

この小池社長の凄いところは、ご両親が病気で倒れ介護が必要になった時に、近くにご両親を入れたいと思えるような介護施設がなかったので、「自分が作ろう！」と思い実行したことです。その小池社長の経営理念が「敬護」です。

この経営理念の「敬護」という言葉を、以前は文字で表していたのですが、小池社長がイメージしている会社の未来像が社員たちに伝わっているかどうかがわからない状態だった。そこで、この経営理念をビジュアル化した。そうすることによって、小池社長自身も創りたい会社のイメージが鮮明になり、また社員にもそのイメージが伝わるようになったということでした。

「真ん中に楽しそうなシニアがいて、そのまわりを楽しそうに働く社員がいる」

これが、小池社長の目指す理想の風景です。

これを文字ではなく写真を貼ることでイメージしやすくすると、「なるほど、社長はこういう理想を実現したいのですね〜」と言われるようになったということです。

社長がどんな考えを持っているのか、社員にどんなふうに働いてもらいたいのか、そしてご利用者様にどんなふうな表情になってもらいたいのかということが、その宝地図を見るだけで把握することができ、その思いが伝わりやすくなります。小池社長のビジョンがしっかり伝わってきますから、小池社長を応援したい気持ちになるし、この会社をもっと皆さんに知っていただきたくなります。宝地図はぜひ経営者、リーダーに実践していただきたいアイテムです。

星をつかもうとして泥をすくうことは無い

宝地図提唱者、望月俊孝さんから教えていただいた言葉に、「星をつかもうとして　泥をすくうことは無い」があります。星をつかみたいと思って努力している人は、星はつかめないかもしれないが、決して泥をすくうようなことはないのだ！　必ず今よりも成長している、星に近づいている。という言葉です。

私は、ミス・ユニバース・ジャパン大分のビューティキャンプで、ファイナリストたちに、「ほめ達」と「宝地図」をミックスして、メンタルトレーニングコーチをしていました。その時に、「グランプリは一人だけですよね？　ファイナリスト全員がグランプリを取る！　と宝地図を作ったらどうなりますか？」という質問をされたことがあります。その時の答えがこれです。

「星をつかもうとして泥をすくうことは無い。グランプリを取れなかったとしても、今のあなたよりは必ず二ヶ月後は成長している。輝きが増している」とお伝えするのです。

世界一のメンターのアンソニーロビンスは「目標を達成するよりも目標を設定してその達成のために猛烈に行動することの方が何倍も大切なのだ。目標を設定するのは、それによって人生のフォーカスを作り出し、自分の望む方向へと動き出すためだ！　目標が達成できたかどうかよりも、その目標を追求する中であなたがどういう人間になったかの方がはるかに大切なのである」と言っています。

あなたが目的・目標を掲げ、そこに向かって努力するその姿こそ、人から応援される美しい姿なのだと思います。

SECTION 04 ほめる文化をチーム内で定着させる

ただ単にいいところを伝えるだけではなく、スタッフのいいところを拡げていく仕組み作りも大事なことです。

有名なところでは東京ディズニーリゾートの取り組みです。東京ディズニーリゾートでは、キャスト同士が素晴らしい行動をたたえ合い、メッセージを交換し、その中からスピリット・アワード受賞者が選ばれ、その栄誉を讃えられるというシステムがあります。また、「ファイブスターカード」という取り組みもあります。素晴らしいパフォーマンスを発揮したキャストを見かけると、上司がその行動を称える「ファイブスターカード」を手渡します。これをもらった人は「ファイブスター・パーティー」に出席することができ、仕事に取り組むキャストのモチベーションを上げるために役立っているということです。

やはり、「ほめる」を継続して意識していくには、このような工夫も必要です。「ほめる文化」が定着している組織であっても、その文化を継続させるために様々な工夫をしているのです。あなたのチームにはどのような取り組みが合っているかを考えて欲しいのです。例えば、スタッフに向けた通信を書いてもいいと思います。スタッフが頑張っていること、素晴らしかったこと、お客様からこんな嬉しい言葉を言われました、そういう情報を集めて、あなたが紹介していく通信です。

その通信には、連絡事項などは書かない、もちろん注意事項などは一切書かない、いいところだらけの通信にするのです。それを続けていくと、その通信は必ず読まれます。笑顔になれるから、楽しい気持ちになれるからです。スタッフが読んで笑顔になるような記事を書いていくといいと思います。カードや通信を使って伝えていってみましょう。

「写真ほめ」で意識の習慣化

「写真でほめる」ということもできます。大分県教育庁別府教育事務所の山香昭《やまがあきら》先生がやられていることを紹介します。

山香先生は校長時代、生徒の素晴らしいところ、いいところを見つけて、それを写真に撮って学校中に貼っていくという取り組みをされていました。さらにこの写真には、ほめ言葉のシャワーの菊池省三《きくちしょうぞう》先生が提唱している「価値語」も付け加えられています。

学校の中で、山香先生がカメラを持って歩き始めると、「先生、また僕たちのいいところを写真で撮ろうとしている」と生徒の表情が笑顔に変わるそうです。山香先生を見つけると生徒たちはいい行動をしようとするのです。それは山香先生が、生徒たちのいいところを見ようとしているということが、生徒に伝わっているからです。

もし、逆に、山香先生が巡回して、「さぼっている生徒はいないかな。ダメなところを見つけて注意しよう」と思って見回っているのであれば生徒はいい気持ちはしないでしょう。逆に心が荒れて悪い行動をするかもしれません。

これが、「見守る」指導です。あなたの部下が、あなたから「見守られている」と思っているのか、それとも「見張られている」と思っているのかです。見張ろうとすると、あなたの心は、「サボっているのじゃないのか？　悪いことしているのではないのか？」という方向から人を見ます。見守ろうとする時は、「何処につまずいているかな？　わからないところはないかな？」と相手の立場に立って心に寄り添っている状態です。あなたがどちらに立って人を見ているかをいつも意識してもらいたいと思います。

本物のカメラを持たなくても大丈夫です。あなたの心のシャッターで撮ればいいのです。洗い物があって実際はカメラを持つことができない、スマホを触るタイミングがない、その時

いいところを探すことを習慣化

↓

「見張る」のではなく「見守る」

見張る

見守る

Point

- 「いいねカード」や「ほめ新聞」など人が笑顔になれる楽しいものはみんな見る。
- 「よいところを見てくれる」という実感が次のよい行い、成長をつくる。

にはあなたの心のシャッターを押しましょう。心のシャッターで撮った瞬間に言葉で伝えてあげる。「価値語」を付け加えて伝えていくと相手の心に染み込んでいきますよ。いいところを、いつも探す意識を習慣化していきましょう。

「モノほめ」で気づきの習慣化

そして「モノほめ」もいい方法です。これは第三章でやっていただいた内容ですが、それをもっと深めていきましょう。例えば消しゴム。その消しゴムのいいところを二人組でどんどん出していってもらいます。ここまでは三章と同じですが、次が少し違います。

それは、次に消しゴムを斜に構えて見る。斜めから見る。いわゆるダメ出しをする。これをやってもらいます。「これはないよね」っていうところを二人組で話し合って発表してもらう。ここが大事なところです。

同じモノをほめたり、ダメ出しをしたりすることで、自分の心の変化に気づきます。「いいところを考えた後はマイナスの部分が見つけにくかった」「いいところを見つける時は、心の中もワクワクしているけれど、悪いところを見つける時は、心が暗くなってしまった」というような心の変化に気づかれます。

たったこれだけでもプラスの部分に意識を向けるトレーニングになりますのでちょっとした時間でやってみてください。

その人のモノの価値を共有する

そして、「モノほめ」を共有していきましょう。モノに対しての価値や想いは、その人によって違います。

今から紹介する文は、ほめる達人講座に通われている、Tさんが地元の新聞に投稿した記事です。

「私は右半身に麻痺があり右手右足が使えません。障がいがあるとマイナスしかないと思っていましたが、先日いいことがありました。

大阪市内でうどんチェーン店に入りました。注文して、待っていると大きな器が運ばれてきて、器の陰に隠れるようにレンゲがついていました。うどん店でレンゲを見るのは初めてでした。私は器を持つことができないので、これまでうどん店でつゆを飲むことができませんでしたが、初めて味わうことができました。

とても感動し、店員さんに『これまでお店でうどんつゆを飲んだことはなかったのですが、レンゲがあったので美味しくいただくことができました。ありがとうございました』と伝えました。店員さんを見るとすごく笑顔でした。また大阪に行きたいとも思いました。

レンゲのありがたさに気づくことができたのは、障がいがあったからだと思います。そして、同じようにありがたさに気づいていないことがまだいっぱいあるのではないだろうか。そう思うと毎日が楽しくなってきます。」

正直、私は今までレンゲのありがたさを感じたことがありませんでした。そのレンゲの価値をTさんから教えていただきました。

モノの価値は、人によって光の当て方が違います。その人の価値や想いを共有することが、その人のことを深く知るきっかけになってきます。

ほめる文化の定着のために、その価値や想いの場所を知り、たくさんのありがたさに気づき、集めていく、そのような毎日を、あなたやスタッフに過ごしていただきたいのです。

自分への問いかけ

ほめる文化をチームに定着させようとしている、あなたやスタッフに、少し意識して使っていただきたい言葉があります。

それは「完璧」という言葉です。

この言葉を使う時に、何を意識して欲しいのかというと、それは、「完璧**？**（クエスチョンマーク）」で使っていただきたいのです。

「この会場設営でいいかな？」「他にお客様が笑顔になる方法はないかな？」「スタッフがもっと充実感を感じるにはどうしたらいいかな？」というふうに、自分やスタッフに「これで完璧かな？」「他にやるべきことはないかな？」と問いかけていただきたいのです。

すると、「これをやってみよう！」「こうしたらもっと笑顔になるのではないですか？」とアイデアが浮かんできます。

「まだ何かできるかな？」と時間が許す限り問いかけていただきたいと思います。そして時間いっぱいアイデアを出し合い取り組んできたスタッフに、あなたが最後に言ってください。

「完璧だね！」と。

SECTION 05

応援し合えるチームに成長していく

私がこの本の中で、最初にあなたにやっていただいたのは、「自分の良さを認める」ことでした。

「できていない部分もいっぱいあるけど、よくよく見てみたら、自分ってこんなとこが素晴らしいよね」「こんなところを頑張っているよね」と自分を認めていってもらいました。

そして次は、あなたの「部下や後輩をほめる」ことでした。

「あなたのすばらしいところは、ここだよ」

「まだできてないけども、最初よりできるようになっているよ」

そうやって目の前の人を信じて一生懸命ほめていくことでした。

そして次は、リーダーに「スタッフをほめてもらう」ことでした。

「僕が支えているから、まわりの人をほめてみて」

そうやってあなたがそばで支え、見守り、伴走することで、いいところがいっぱい見つけ

部下が育つチーム

上から下を監視するのではなく、下から支えるイメージで

Point

- あなた自身が太い根っことなり、大きな人間力で人に栄養を与え、元気にさせていく。
- ほめることは人のためではなく、廻り廻って自分の幸せ。
- 明るい風土、明るい組織が人を成長させる。

られる若手リーダーを育てていくことでした。あなたが若手リーダーを支え、その若手リーダーがスタッフを支えていきます。そして今度は、その若手スタッフが、次に入社してくる新人スタッフ、あるいはお客様を笑顔にしていくのです。

それはあなたが上から監視しているのではなく、あなたが下からスタッフに栄養を与え、チームがどんどん上へと伸び拡がっていくイメージです。

ほめればほめるほどあなたが輝く

一つの根っこから太い幹が育ち、たくさん枝葉が分かれて花を咲かせる。そんなイメージです。あなた自身が根っこです。あなた自身が太い根っことなって、大きな人間力で支え、人に栄養を与えて元気にさせていく。そしてたくさんの幹から枝葉が分かれて素敵な花が咲いていく。そして、そこにはきっとたくさんの果実が実っていくでしょう。その枝や葉、花や果実に送られている栄養が、「ほめ言葉」です。

世の中は暗いニュースが多い。この先どうなるかわからない。ただ、あなたがこれまで経験してきた、苦しみや挫折、うまくいかなかった体験は、間違いなくあなたの血となり肉となり、素晴らしい知恵となってあなたの人間力を大きく成長させてくれています。そのあなただからこそ、まわりの人にアドバイスができる。言葉を届けることができるのです。ほめるは人のためならず、まわり回って我が身の幸せ。我が身の成長です。あなたがまわりの人をほめればほめるほど、あなたのまわりに笑顔や輝きが増えていきます。その笑顔が増えれば増えるほど、その真ん中にいるあなたやあなたのチームが、みずから光を放つ太陽となって、さらにまわりを照らしていきます。植物は明るい太陽を浴びて成長します。職場も同じです。明るい風土、明るい組織が人を成長させていくのです。

そしてあなたはこう言われます。

「あの人と一緒にいると、なぜだか、元気になるよね」
「あの人と一緒にいると、なぜだか、笑顔になるよね」
「あの人と一緒にランチに行きたい」
「あの人と一緒に仕事がしたい」
「あの人と一緒にいたいよね」

このような言葉がいつの間にか、あなたに集められるのです。

おわりに

最初、私が中学校でほめる指導を始めた時は、「この指導でうまくいくのか？」と心配でした。

ところが、次々と良い結果が出るようになりました。部活では部員がどんどん増え、総合優勝するようになりました。

今度は、講師として伝える立場になって、「これを伝えて、周りの人はうまくいくのだろうか？」と心配でした。

ところが、その心配も杞憂に終わりました。

「ほめる」ことをお伝えし始めてから、私の周りで嬉しい連絡をたくさんいただけるようになりました。

「離職率が下がりました」

「娘と普通に話せるようになりました」

「ほめる研修を受けたチーフが社長賞を取りました」

「夫婦仲が良くなりました」
「指導している野球チームが優勝しました」
「母親にありがとうが言えました」
「昔の自分と大きく変わり人間関係が良くなりました」
「父が別人のように優しくチャレンジする人になりました」
「ほめる研修受けて結婚しました」

本文中にも、いくつか事例を挙げさせていただきましたが、それ以外にもここで紹介しきれなかった、奇跡と言っていいような報告が、次々と私のところに届いています。

この報告をいただくことで、私自身もまた確信を持ちました。

「ほめ言葉」を相手に届けることで、人間関係が劇的に変化していく、笑顔が増えて、幸せなチームやご家庭が増えていく、ということを私自身が皆さんから教えていただきました。

人とのコミュニケーションを深めるには、いろんなアプローチの仕方があります。

私は、「ほめる」というドアから入ることが一番シンプルであると感じています。そして心地いい。

そこに必要なのは「ほめる覚悟」です。

あなたが、「ほめる覚悟」を持てば、間違いなく、あなたの周りとあなた自身が笑顔に溢れる毎日を送れることでしょう。

あなたが笑顔の中心となって、その笑顔をもっと周りに広げていただきたいと思います。

最後になりましたが、この本の執筆に関して、アドバイスいただいた、日本ほめる達人協会 西村貴好理事長、山田稔さま、太陽出版の籠宮啓輔さま、そして貴重な事例をいただきました皆さまに感謝申し上げます。本当にありがとうございました。

著者紹介

竹下 幸喜（たけした こうき）
ほめる教育研究所　代表
日本ほめる達人協会特別認定講師

大分県大分市出身　1967年生まれ。

福岡大学大学院卒業後、かねてからの夢であった中学体育教師となる。部活指導中、ある生徒の指導をきっかけに、ほめる指導の効果に気づく。ほめて、認めて、励ます指導で、チームは県総合優勝、全国大会出場と急成長。学校では、生活指導を担当。厳しさの中にもほめる指導を取り入れ、生徒の心と人間力の成長に力を注いだ。子どもたちだけではなく、大人にこそほめる指導の効果を知ってもらいたいと、20年勤めた教員を退職し、2014年ほめる教育研究所を立ち上げる。

現在、学校・教育関係はもちろん、ハラスメント対策や人手不足に悩む企業からの研修依頼が絶えず、全国で年間約200回の研修・講演を精力的に行っている。

ほめる教育研究所　ホームページ
https://homeru-kyouiku.com

メンバーのやる気を引き出す ちょっとした 言葉がけの方法

2020年8月20日　第1刷

著　者　　竹下 幸喜
編集・制作　ケイズプロダクション
発行者　　籠宮啓輔
発行所　　太陽出版
東京都文京区本郷4-1-14　〒113-0033
TEL 03（3814）0471　FAX 03（3814）2366
http://www.taiyoshuppan.net/
E-mail info@taiyoshuppan.net

ISBN978-4-86723-000-8

新入社員研修に成功する 100 のツボ

坂川 山輝夫 著　　定価（本体 1,400 円 + 税）

御社の新人研修、これで万全!!
他社に絶対に負けない
「将来の戦力」の育て方

数多くの企業・官公庁の研修を担当した著者が伝授する

新入社員教育実践マニュアル！

会社にとって本当に必要な能力を確実に育てるためのコツを

100 個厳選！